教科指導法シリーズ
改訂第2版

小学校指導法

国 語

植松雅美
輿水かおり
編著

玉川大学出版部

改訂第2版まえがき

　学習指導要領の改訂に伴い，児童・生徒の主体性を生かす教育が期待される。社会が進展する一方で課題も大きく，子供をとりまく環境も厳しくなっている。とりわけ情報化や国際化が日々急進している時代となり，国際的課題も多岐にわたってきた。よりよい人間性を養うことが従来以上に求められる。

　国語科は，人間形成の素地をつくる言語の理解，表現の能力を育てることに大きなねらいがある。私たちは，言語を媒介として考えたり，感じたりし，様々な事象・事物を認識している。他の人に意思や感情を伝えることも言語を媒介としている。国語科がになう内容は多岐にわたっている。

　学校教育においては，すべての教科・領域の学習が言語を通して行われている。各々の特性を生かしながら，児童の成長を引き上げていかなければならない。

　今回の学習指導要領の改訂では，他の教科等においても言語能力の活用を通して学習することがより一層重視された。言語の果たす意義を認識し直すためにも，言語活動の「ねらい」を明確にすることが求められている。言語活動が児童の意欲・関心を高めつつ，能力の向上につながることを強く意識させたい。

　適切な言語の使い手を育むことは，好ましい人間性を育てることでもある。語彙の習得，文章構成の確かさ，より適切な表現力，豊かで鋭敏な感性を磨くこと，他の人との関わりが円滑で高まり合えることなど，国語科の授業を通して学ばせたい。

　国語を通して未来を生き抜く資質・能力を育成し，思考力・表現力・想像力を養い，グローバル化の中で日本人のアイデンティティーを身に付けさせていくことが重要である。

　この国語科指導法のテキストを通し，教師自身の言語能力を高め，子供の言語意識や実践力を養い，他者，社会との関わりの中で創造する力を身に付けさせることができれば幸いである。

植松雅美・輿水かおり

目次

I　国語科教育の理論と方法

　小学校における「国語」の時間は，他教科等と比べて圧倒的に多い。小学校時代に「日本語（言葉）」の基礎・基本を確実に身に付けることが，思考力や表現力の育成に大きく関わり，その後の人生にまで影響することを考えると，国語科教育についての正しい理解とその方法の確実な修得が求められることは自明である。

　ところが，国語科教育については，何をどう教えればよいかよく分からないといった声をよく聞く。日本語という日常的に使用している言語（母語）をこと改めて学ぶ意義や，具体的な目標等についての明確な理解が薄いことがその背景にある。第1章，第2章では，国語科教育の根幹について，「学習指導要領」を引きながら述べている。具体的な内容に入る前にしっかり学び，「なぜ，国語科教育が重要なのか」，国語科の「役割や位置付け」についての理解を確かなものにしてほしい。

国語科教育の意義と役割

　国語科教育では，言語を通した学習活動を行う中で，語や文法の使い方を認識し，文章の理解や，表現の仕方について学び，人間形成の基盤を養っていく。学校教育の全教科・領域の中心教科として他教科等の学習の基盤となる言語の力を育み，思考力，表現力，伝え合う力を培っていく。

キーワード　言語の機能　言語教育　国語科教育　国語科教育の意義・役割

第1節　言語について

1. 言語と人間

　言語は限られた社会の中で，人間が思いや考えを通じ合わせるために作った記号体系である。観念，情緒，意思を伝達する方法として長い年月をかけ形成されてきた。

　言語は人々が伝え合う記号として，どの地方，どの国にも生まれてきた。各々の表記，表現方法，文化に応じて体系化され，各国の国語（母国語）として育まれてきた。一国，一人種ごとに各々の母国語が生まれてきた。

　言語は人間が意志を働かせながら創り出し，使い続けることで，生活，文化，政治等を支えてきた。思想，観念を生み出し，生活の基盤を築き，社会を組織してきた。人間に必要な物象，事象を創造する原動力となっている。各時代の文化に合わせ，表現は変化している。社会を変えていくエネルギーの基盤となっている。

2. 言語の機能

　言語の機能は，人間の発達を促し，啓発し合いながら各国の文化・文明を創り上げてきた。言語の意義は諸説あるが，大きく取り上げると以下4点になる。

(1) 伝達

　言語には意思を伝え合う働きがあり，これを伝達機能と呼ぶ。命令，報告，連絡の伝達機能の他，日常的な考えや思い，感動を伝え合う機能がある。それによって人間の生活が円滑に創造的に営まれるのである。

(2) 思考

　人は言語に表れるものを認識したり，自分の考えを言語を通して深めたりしている。言語を媒介として思考，認識を明らかにし，哲学，科学，数学等を探究している。ここに判断力，推理力，比較力，分析力などの能力が含まれる。

(3) 記録

　言語により記録されたことが次代の文明へ引き継がれる。記録は，音声による伝承と文字言語による記録とがある。文字によって書かれたものが記録として残る。引き継がれることで長い歴史が綴られ，文明，文化が引き継がれてきた。民話，伝説，アイヌの叙事詩ユーカラ，古事記（712年成立）の中の稗田阿礼の口述などは，音声による記録である。

(4) 創作

　人は思想を深め，感じる心や表す感性をもっている。言語を媒介にし，文化，文明，芸術が生まれた。詩歌，小説，演劇，建築，絵画等の発想や記録，創作は，言語機能により，発展したものである。

第2節　言語教育と国語科教育

1．言語教育

　言語教育は，言語能力を高める目的をもつ。言語教育の内容は，言語を対象として音声，文字，語彙，文法について学ぶものである。学校教育における言語教育は，学習指導要領の内容に即して扱われている。発音・発声の基本を体得し，文字や漢字，語彙の習得を図り，語や文のきまりを身に付けて，実際に読んだり表したりできる力を身に付けるようにする。

　昭和初期までは，言語教育が重視されていた。戦後はアメリカやヨーロッパからの教育理論の影響を受け，内容主義と経験主義，生活主義が広まった。

　内容主義は作品の内容に偏って読むことであり，作品の価値付け，人間形成的な道義主義に陥りがちであった。

　経験主義は，自己体験や経験に照らしながら感想や意見を主張することが重視される。ここでは，確かな理解をさせ，根拠を押さえていくことが必要である。

　生活主義は，日常生活に必要な国語の力が求められ，生活に役立つ基礎手段としての育成を目指してきた。

　現在，学校教育においては，言語の教育としての立場を一層重視し，生きて働く言葉の能力を身に付けることを求めている。言語を通して的確に理解し，論理的に表現し，互いに伝え合う能力の育成を調和を取って育んでいくことが重要である。

2．日本語教育と国語教育

　日本語教育は「外国人に対して行うもの」であり，国語教育は「日本人に対して行う教育」と定義されている。日本語を学ぶ外国人は，日本語の一語一語について未知である。国語はその国独特の歴史と文化から生まれてきている。日本語を学ぶためには，日本人の情緒や感性，日本の文化等理解する必要がある。日本語は世界でも難しい国語といわれている。その特徴として以下のことが挙げられる。

①主語・述語の位置が欧米の文とは異なる

　述語が末尾に来るので，結論が分かりにくい。助詞・助動詞の使い方も複雑である。

②使われる文字が多い

　漢字，平仮名，片仮名，ローマ字の四種が読み書きできなければならない。一般的な文章は，漢字仮名混じり文であるが，この文中で送り仮名の使い方や四種の文字を使い分ける必要がある。

③日本文化の影響

　日本人の感性は鋭く豊かだといわれる。茶道や舞踊などの古典芸能，武道等の伝統文化で生まれた独特の価値がある。わびやさびに代表される奥ゆかしさ，優雅さを求める感性，謙虚さを尊ぶ価値観など独自性がある。こうした価値観や文化から生まれる言葉は，外国人にも理解しやすいよう体験を増やし体感してほしい。

3. 国語教育と国語科教育

(1) 国語教育

　日本においての自国語を国語と呼び，国語の教育を進めることが「国語教育」である。国語教育は学校に限定して行うものではなく，家庭，社会において言語生活を営む中で身に付けていく。したがって計画的・意図的な活動ではなく，生活場面での言語経験を経て身に付いていく。国語科教育が学校における学習であることとは異なり，指導内容や指導方法を具体的に示すことはない。国語教育は，日本語の特性を基盤にした言語の教育を実用的に進めるものである。身に付けさせたい言語能力を，実際の生活に役立たせることを目的としている。

　文芸教育としては，物語や小説の文字表現に触れ，心理や思想，表現について感得させ育成するものである。この意味で国語教育は生涯にわたって影響され続けるものである。人間的成長を求め，生涯読書を続けたり，知的情報を取り入れていくことが望ましい。

　家庭・地域の言語環境は子供に大きな影響を与える。胎児はすでに胎内にいるときから影響を受けるといわれている。美しく正しい言葉で話しかけられ，円満で愛情に満ちた家庭で育まれて成長する子供は，豊かで確かな言葉の力が備わっていく。乳児，幼児から小学校児童へと成長する中で，家庭や地域で獲得する言葉の力は重要な国語教育といえる。この営みは，不特定多数の人から

偶発的に受けるものである。この間に獲得していく言葉の力が効果的に働けば，知識の習得や人間としての陶冶につながる。

(2) 国語科教育

　国語科教育は，学校の主要な教科教育の要である。

　国語科教育は，学習指導要領の第2章第1節に位置付けられ，目標，内容については各学年の系統が図られている。各学年の授業時数についても基準が示されている。

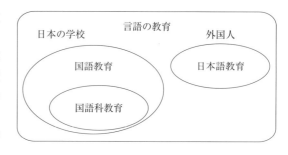

　2017（平成29）年改訂の学習指導要領では，それまでの三領域一事項という内容の枠組みを見直し，他教科等との整合性も考えたものに改善した。すなわち，【知識及び技能（言葉の特質に関する事項，情報の取扱いに関する事項，我が国の文化に関する事項）】【思考力，判断力，表現力等（A話すこと・聞くこと　B書くこと　C読むこと）】である。

　国語科教育は，言語教育の立場を明確にし，すべての教科の目標達成を支えるべく，国語科各学年の目標に到達することを目指して取り組んでいる。

第3節　国語科教育の意義と役割

1. 国語科教育の意義

　国語科教育は，学校教育課程の教科指導の中軸を担い，学校教育全般を支えている。また，生きる力としての知識，教養，思考力，感性を育み，人間形成に深く関わっている。

　国語科は，言語による教材を通して，各教科等の学習の基本となる国語の能力を身に付けることを目指している。また，日本の言語文化を享受し，継承，発展させる態度を育成することも重要な使命である。特に，言葉を通して的確

に理解し，論理的に思考し，表現する能力は，他教科の学習を支え，実生活に役立つ基盤となる。国語を学ぶ中で，互いの立場や考えを尊重し，言葉で伝え合う能力を育成することは，人間関係を円滑にし，理解を深めることにつながる。

《21世紀型表現力》

| 表現力・コミュニケーション |
| 思考力・経験・探究心 |
| 語彙 ・体験・ 知識力
表現 ・体験・ 理解力 |

　さらに，昔話や故事成語，古典などの言語文化に触れることで感性や情緒を育み，長い歴史の中で培われてきた伝統を認識し，日本人としての誇りを感受できるものになる。

　国語科教育において，以下のような資質，能力を育むことが使命である。

①文学的文章教材を読み，人間性を培う。

②説明的文章教材を読み，知識，教養を磨く。

③文章を正しく豊かに読み深める読解力を付ける。

④豊かな音読の力を付ける。

⑤的確で適切な語句・語彙を獲得する。

⑥語や文のきまりを認識し，正しい言葉の使い方を学ぶ。

⑦話すこと，聞くことの力を付け，人との関わりを円滑にする。

⑧分かりやすい簡潔な文章を書く力を付ける。

⑨情緒，情感を豊かに表現できる力をもつ。

⑩適切な情報を収集し，説得できる文を書き，話す力を付ける。

2. 国語科教育の役割

(1) 言語の教育としての立場

　2017（平成29）年に示された学習指導要領では，「知・徳・体のバランスとともに基礎的・基本的な知識・技能，思考力・判断力・表現量及び学習意欲の重視が必要である」と規定された法改正を受けた中央教育審議会の答申を受け，主体性，互いに学び合う，深い学びへのいざないといったキーワードが示された。こうした内容を含めた国語科教育の役割を以下に示す。

・生きる力を付ける。

・基礎的・基本的知識・技能を身に付ける。

　体験的な理解や繰り返し学習を重視し，学習の基盤を構築する。

・思考力・判断力・表現力等を育むために，観察，実験，レポートの作成や論述など知識，技能の活用を図る学習活動を充実する。
・学習活動の基盤となる言語に関する能力の育成として，音読，暗唱，漢字の読み書きを定着させる。
・各教科においては，記録，要約，説明，論述等の学習に取り組み，他教科や実生活に生かす。
・豊かな心や健やかな心の充実として言語に関する能力を重視する。
　他者，社会，自然・環境と関わる中で自分への自信をもたせる必要がある。

(2) 教科の基盤づくり

　国語科教育は，従来より「言語の教育としての立場を一層重視し，国語に対する関心を高め，国語を尊重する態度を育てる」ことを前提としている。この立場は変わっていない。国語教育が文学教育を重視するあまり，人間形成に傾きすぎたり，心情，思想の育成に偏ってはならない。

　言語の教育としての立場を明らかにし，偏りのない教育を進め，実生活に生きる力が身に付き，教科の学習を支える学力を培いたい。

(3) 言語文化の継承と発展

　言語は記録性がある。事物の存在，変化を記録し，思想や観念，心象，創作など無形のものを生み出す力もある。

　言語のもつ力，役割は深遠で，厖大である。

　言語は人間の生活の物心両面を豊かにしてきた。哲学，文学，社会科学，自然科学の分野における思想や創作も言語によって発展してきた。

　伝統的な言語文化に触れることにより，日本文化を理解し，親しむ心を培っていくことは，これからの国際社会を創る子供たちに必須であろう。

　諸外国に留学した場合，また国内で外国人と接した際に，日本人としてのアイデンティティーを自覚し，自国の文化について説明できるようにすることが重要である。日本人としての誇りを感じ，伝統を継承する態度を養っていくものである。

　また今回の改訂では，情報の扱いについて新設された。論理的な思考力，特に物事の関連性を明らかにしながら新しい物・事を創り出す力を育成するために重要な事項である。

（4）伝え合う力
①人との関わりを深める

　社会に求められるコミュニケーションの力は，今後さらに求められる能力とされている。言語を媒介に人と人を結ぶことである。話し言葉の教育は，いつでも誰とでも場に応じて話し合える力を付けていくことが重要である。伝え合うためには，伝えたい相手がいる。人と人とのつながりを深めることが伝え合いの一歩となる。

　伝え合う活動が円滑に達成できれば，相手との理解が深まり，関わりが親密になる。社会は人と関わることで成り立つ。子供相互，教師と子供，子供と社会をつなぐ役割が言葉にはある。

②話を聞く

　伝え合いの活動は，相手との双方向で成り立つ。相手の話をしっかりと聞き，理解する力を付ける。理解したうえで自分の考えや感想を伝え合うようにする。相手の話を共感的に受け入れ，さらに補完し合うことが大切である。

　聞く力は理解力が求められる。話を聞き取る活動を通して身に付いた力は，他教科等の活動に生かすことができる。また，人格形成上の成長に役立つ。正しく相手に正対する力が聞く力なのである。

③話合い

　自分の考えをもち，相手と話し合い深め合うためには，共通の話題が必要である。国語科教育では，子供の意欲が高まる話題について検討し設定する。

　自由な雰囲気で話し合うことで，考えを深めたり広げたりすることができる。自己実現する場面ともいえる。

　話し合う技術を身に付けることは重要である。学校教育において全般，段階的に話合いの範例を示し，進行する役割を身に付けることが必要である。

　他教科・領域の学習において考えを交流したり，課題を解決するためには，互いの立場を尊重し，話合いを進める中で相手理解を深め，共感する態度が育成できる。

　話合い活動は，学習ルールを強く規制するのではなく，自由な思いや考えを自分なりに主張する場である。人の尊厳や人格を重んじながら主体性を伸張する活動とする。

　話すことにとどまらず，言葉を通して表すことは表現者自身の教養，信念の表れであり，人格が置き換えられたものである。

　話すこと，聞くことは，技術を学ぶことにとどまらず，何を話し伝えるかの内容が問われる。その意味で話す・聞く活動の役割は重い。

(5) 書くこと

　書くことは日常生活において意図的に取り組まなければならない。文字を書くことは，子供にとっては面倒な取り組みであるが，習慣化することで能力が育ち，意欲も高まっていく。

　学校教育では，書くことを系統的，段階的に取り組ませている。書くことは一字一文書き込む労力が必要である。この努力を続けていくことは文字表現の力を付けるために有効である。

　日記，メモ，連絡・報告の文などは，生活に生きて働く力になる。

　書くことを通して身に付けたい力は，目的に応じ相手を意識して書く，大事なことを落とさず書く，構成を考えて書く，適切な表現で書く，などがある。

　書く力を付けることで，他教科での学習基盤ができる。学習ノートの作成，観察・記録文，論作文などの記述力が付く。また，文章を書くことは思考力が必要である。書くための内容や表現を考えなければならない。書いては考え，考えては書く。この思考活動によって論理的思考力の向上を促すことができる。

　書く活動によって獲得できる思考力は，情報収集による内容選択力，内容を組み立てる構成力，序列や効果を考えた論述力，よりよい表現のための推敲，批判力などがある。

　書くことは考えることであり，考える力を付けるために書く活動があるともいえる。

(6) 読むこと

　文字をたどり内容を理解することが人として知恵を獲得する始まりになる。識字力が高い国は知識力が豊かで人間的感性も豊かであるといわれる。

　日本語の教育は，漢字，平仮名，片仮名，ローマ字の四種を使い，文章を理解し，表現することができるようにならなければならない。

　何を読むかは，国語科教育の重要な内容である。よりよい文章や優れた図書を読むことは，子供の人格形成に大きな影響を及ぼす。文章の質と量が知識の基盤となり，教養を豊かにするのである。

　小学校においては，文学的文章及び説明的文章を読むことを通し，日常生活

の言葉の使い方を学び，新聞や図書を読む力を付けていく。豊かな心の形成に役立つ読書は，日常的に親しみ，公共図書館の利用方法を身に付けることも役割の一つである。題名や見出し，リード文の役割や目次，索引への理解を深め，活用できる能力を育んでいく。

課　題

1. 言語教育について，内容主義，経験主義，生活主義についてそれぞれ調べてまとめよう。
2. 国語科教育の意義と役割を，自分の経験を踏まえてまとめよう。

参考文献

植松雅美編著『教科指導法シリーズ　小学校指導法　国語』玉川大学出版部，2011年
甲斐睦郎・宮地裕監修「日本語学」明治書院，2008 ～ 2011年
日本国語教育学会「月刊国語教育研究（言語の獲得と国語単元学習）」№564，2019年

第 **2** 章

「学習指導要領国語」を読み解く

　国語科の学習対象は，「言語」であり，その指導目標は，「言語能力の育成」にある。学校の教育活動は，児童に「生きる力」を育むことを目指すものであるが，その実現には，すべての教科等において言語活動の充実が不可欠である。その意味で，国語科は学びの基盤を形成する基幹教科といえる。

　指導内容は，学習指導要領に発達段階に応じて明確に示されている。学習指導要領を学ぶ意義はここにある。

キーワード　変遷の背景　学びの地図・構成　言葉による見方・考え方

　国語科教育の目標についての理解を深めるために，まず，ここに至るまでの戦後の「学習指導要領国語」の目標の変遷をたどってみる。

第1節　国語科教育の目標と内容の変遷

1. 国語科の「目標」の変遷

①　1947（昭和22）年（試案）＝国語科学習指導の目標は，児童・生徒に対して，聞くこと，話すこと，読むこと，つづることによって，あらゆる環境におけることばのつかいかたに熟達させるような経験を与えることである。

・聞くこと，話すこと，読むこと，つづること
・環境における<u>ことばの使い方に熟達</u>させる

② 1951（昭和26）年（試案）＝（ことばの役割を述べた後）以上の役割をもったことばを効果的に使用するための習慣と態度を養い，技能と能力をみがき，知識を深め，理解と鑑賞の力とを増し，国語に対する理想を高めることが，国語学習指導の目標である。

・ことばを効果的に使用するための<u>習慣・態度</u>を養う
・ことばを効果的に使用するための<u>技能と能力</u>をみがく
・知識を深め，<u>理解と鑑賞</u>の力を増す

③ 1958（昭和33）年＝1. 日常生活に必要な国語の能力を養い，思考力を伸ばし，心情を豊かにして，言語生活の向上を図る。2. 経験を広め，知識や情報を求め，また，楽しみを得るために，正しく話を聞き，文章を読む態度や技能を養う。3. 経験したこと，感じたこと，考えたことをまとめ，また，人に伝えるために，正しくわかりやすく話をし，文章に書く態度や技能を養う。4. 聞き話し読み書く能力をいっそう確実にするために，国語に対する関心や自覚をもつようにする。

・日常生活に必要な<u>国語の能力</u>を養う
・<u>思考力</u>，<u>心情</u>，<u>言語生活の向上</u>
・国語に対する<u>関心</u>や<u>自覚</u>

④ 1968（昭和43）年＝生活に必要な国語を正確に理解し表現する能力を養い，国語を尊重する態度を育てる。このため，1. 国語で思考し創造する能力と態度を養う。2. 国語による理解と表現を通して，知識を身に付け，心情を豊かにする。3. 国語による伝達の役割を自覚して，社会生活を高める能力と態度を養う。4. 国語に対する関心を深め，

・<u>国語を正確に理解し表現する能力</u>
・<u>国語を尊重する態度</u>
1. 国語で思考し創造する能力と態度
2. 国語による<u>理解</u>と<u>表現</u>，<u>心情</u>
3. <u>社会生活を高める能力</u>と態度
4. 関心，<u>言語感覚</u>，<u>国語を愛護</u>する態度

言語感覚を養い，国語を愛護する
態度を育てる。

⑤　1977（昭和52）年＝国語を正確
　に理解し表現する能力を養うとと
　もに，国語に対する関心を深め，言
　語感覚を養い，国語を尊重する態
　度を育てる。

・国語を<u>正確に理解し表現する</u>能力
・国語を<u>尊重</u>する態度

⑥　1989（平成元）年＝国語を正確に
　理解し表現する能力を養うととも
　に，思考力や想像力及び言語感覚
　を養い，国語に対する関心を深め，
　国語を尊重する態度を育てる。

・「<u>思考力や想像力</u>」を養うが加わる

⑦　1998（平成10）年＝国語を適切
　に表現し正確に理解する能力を育
　成し，伝え合う力を高めるとともに，
　思考力や想像力及び言語感覚を養
　い，国語に対する関心を深め，国
　語を尊重する態度を育てる。

・「国語を<u>適切に表現</u>」と「適切」が
　加わる
・<u>表現を理解の前</u>に置く
・「<u>伝え合う力を高める</u>」が加わる

⑧　2008（平成20）年＝国語を適切
　に表現し正確に理解する能力を育
　成し，伝え合う力を高めるとともに，
　思考力や想像力及び言語感覚を養
　い，国語に対する関心を深め，国
　語を尊重する態度を育てる。

・2008（平成20）年は，前回と同文
　章

⑨　2017（平成29）年＝言葉による
　見方・考え方を働かせ，言語活動
　を通して，国語で正確に理解し適
　切に表現する資質・能力を次のと
　おり育成することを目指す。

(1) 日常生活に必要な国語について，
　その特質を理解し適切に使うこと
　ができるようにする。

・1977（昭和52）年版以降一文で示
　されていた目標に，(1)から(3)の
　下位項目を追加
・1958（昭和33）年版にあった「日
　常生活」を復活させた
・1998（平成10）年版以降「表現」「理
　解」の順番を，「理解」「表現」に
　戻す

<table>
<tr>
<td>

（2） 日常生活における人との関わりの中で伝え合う力を高め，思考力や想像力を養う。

（3） 言葉がもつよさを認識するとともに，言語感覚を養い，国語の大切さを自覚し，国語を尊重してその能力の向上を図る態度を養う。

</td>
<td>

・「言葉による見方・考え方を働かせ」を追加

・「言語活動を通して」の明示

・「国語を」から「国語で」と改め，「能力」だけでなくそこに「資質」を加えた

</td>
</tr>
</table>

2. 国語科教育の「内容」構成等の変遷

　国語科教育の内容は，学校教育法施行規則第52条に「教育課程の基準として文部科学大臣が別に公示する小学校学習指導要領によるものとする」とあるように，学習指導要領をもとにみていく。

　まず，学習指導要領の内容の区分の変遷をたどってみる。

① 1947（昭和22）年＝話すこと（聞くことを含む），つづること（作文），読むこと（文学を含む），書くこと（習字を含む），文法　　・4領域と文法

② 1951（昭和26）年＝聞くこと，話すこと，読むこと，書くこと（作文），書くこと（書き方―習字，ローマ字）と主な言語経験の例　　・5領域と主な言語活動例

③ 1958（昭和33）年＝A 聞くこと・話すこと，読むこと，書くこと（書写を含む），B 言葉に関する事項，学年別漢字配当表881　　・3領域と1事項

　　　　　　　　　　　　　　　　　　・漢字配当881字

④ 1968（昭和43）年＝A 聞くこと・話すこと，B 読むこと，C 書くこと（作文，言語事項，書写），学年別漢字配当表881，備考漢字115　　・備考漢字115字

⑤ 1977（昭和52）年＝各学年ごとに〔言語事項，書写〕，A 表現，B 理解，学年別漢字配当表996　　・2領域1事項

　　　　　　　　　　　　　　　　　　・漢字配当996字

⑥ 1989（平成元）年＝A 表現，B 理解，〔言語事項，書写〕，学年別漢字配当表１００６

・漢字配当１００６字

⑦ 1998（平成10）年＝2学年ごとに，A 話すこと・聞くこと，B 書くこと，C 読むこと，〔言語事項，書写〕，学年別漢字配当表１００６

・3領域1事項

⑧ 2008（平成20）年＝2学年ごとに，A 話すこと・聞くこと，B 書くこと，C 読むこと，（各領域の内容に指導事項と言語活動例），伝統的な言語文化と国語の特質に関する事項（伝統的な言語文化に関する事項，書写），学年別漢字配当表１００６

・言語事項から「伝統的な言語文化と国語の特質に関する事項」へ

⑨ 2017（平成29）年＝〔知識及び技能〕〔思考力，判断力，表現力等〕，〔知識及び技能〕に3事項(1)言葉の特徴や使い方に関する事項　(2)情報の扱い方に関する事項　(3)我が国の言語文化に関する事項，〔思考力，判断力，表現力等〕に3領域（A 話すこと・聞くこと　B 書くこと　C 読むこと），学年別漢字配当表１０２６

・大幅な組み換え
・情報の扱い方に関する事項の新設
・読書，書写の「我が国の言語文化」への組み入れ
・都道府県名の漢字の追加

・漢字配当１０２６字

　1977（昭和52）年と1989（平成元）年の指導内容が2領域1事項となり，かつ，表現が先に置かれているのは，「内容の精選」「表現能力の向上」「言語に関する事項の系統的指導」のためである。しかし，また，1998（平成10）年以降の指導内容が3領域1事項になったのは，「話すこと・聞くこと，書くこと，読むこと」の力をバランスよく育て，児童主体の言語活動が活発に行われ，言語の教育としての国語科の目標を確実かつ豊かに実現したいという願いが現れている。また，2008（平成20）年に「伝統的な言語文化と国語の特質に関する事項」が新設されているのは，伝統的な言語文化に親しむ態度を育てたり，国語の特質についての理解を深めたり，豊かな言語感覚を養ったりすることを重

視した現れである。さらに，「言語活動例」を内容に位置付けたのは，指導事項をどんな言語活動を通して身に付けていくのかを明確にしたものである。

　2017（平成29）年の改訂の背景としては，国語科だけでなく全教科における横の系統性を明確にし，教科横断的な扱いを意識しやすくしたものと考えられる。また，国際的な学力調査等の結果から，国語科の知識や技能についての確実な定着，さらには情報化・国際化の進展に対応した国語科の内容充実が急務とされていることが挙げられよう。

第2節　今，求められる国語科教育

1.「学びの地図」と「社会に開かれた教育課程」

　前回2008（平成20）年改訂の学習指導要領は，当時教職にあるものすべてに公費で配布され，教育課程の編成や授業改善に資することが促された。2017（平成29）年改訂においては，学習指導要領を「学びの地図」と位置付け，文部科学省のHPからのダウンロードを可能にした。職員はもちろん，子供自身も含めて教育に関わるあらゆる人たちに広く活用されることを目指しての措置である。したがって，とりわけこれから教職を目指す学生にとって，学習指導要領の理解は必須である。

　以下に，今改訂の経緯として，中央教育審議会教育課程企画特別部会の報告を示す。

　　AIも学習し進化する時代において，人間が学ぶことの本質的な意義や強みを問い直し，これまで改訂の中心であった「何を学ぶか」という指導内容の見直しに加えて，「どのように学ぶか」「何ができるようになるか」の視点から学習指導要領を改善。

　　学習指導要領が，学校教育を通じて子供たちが身に付けるべき資質・能力や学ぶべき内容，学び方の見通しを示す「学びの地図」として，教職員のみならず，子供自身が学びの意義を自覚する手掛かりとしたり，家庭・地域，民間企業等において幅広く活用したりできるようにすることを目指す。

　　（平成28年8月1日中央教育審議会教育課程企画特別部会）（下線引用者）

　物事が変化するとき，そこには必ず理由がある。「なぜ？」と考えながら情報を読み解くことが学びの一歩である。なぜ，「子供自身が学びの意義を自覚する手掛かり」とする必要があるのか，また，なぜ「家庭・地域，民間企業等において幅広く活用」することが求められるのか，その理由を考えてみよう。

　そのヒントは，この答申を受けて改訂された学習指導要領解説総則編にある。

　　　教育基本法や学校教育法が目指す普遍的な教育の根幹を踏まえ，グローバル化の進展や人工知能（AI）の飛躍的な進化など，社会の加速度的な変化を受け止め，将来の予測が難しい社会の中でも，伝統や文化に立脚した広い視野をもち，志高く未来を創り出していくために必要な資質・能力を子供たち一人一人に確実に育む学校教育を実現。“よりよい学校教育を通じてよりよい社会を創る”という目標を学校と社会が共有し，連携・協働しながら，新しい時代に求められる資質・能力を子供たちに育む「社会に開かれた教育課程」を実現。　　　　　　　　　（総則から抜粋）

　「学びの地図」「社会に開かれた教育課程」は，2017（平成29）年版学習指導要領のキーワードの一つである。

　以上のような学習指導要領の位置付けを踏まえ，ここからは，国語科に絞って内容を読み取っていきたい。「小学校学習指導要領（平成29年告示）」という厚さ1センチの冊子を手に取ってほしい。じつは，ここには10教科すべてが入っている。それ以外にも関係法令，幼稚園教育要領や中学校の学習指導要領まで入っている。この中で，学習指導要領国語はどこに載っているのか，見つけてみよう。どこを見ればよいか……目次である。目次には，「第2章各教科　○第1節　国語」とある。ページを確認して開いてみよう。28ページから，別表の学年別漢字配当表を入れても，わずか18ページ。これが，国語科の学習指導要領である。ここに示された内容を，具体的に解説したものが「小学校学習指導要領（平成29年告示）解説　国語編」（以下，解説）。したがって，これがあれば，国語に関する「学びの地図」は読み解けるはずである。学修に入るに際してまずは，この「解説」を用意してほしい。

2．学習指導要領国語の構成を捉える

　一般に学習指導要領のような説明的文章，一種の報告文を読み取る場合には，

読み方にコツがある。今までの学習経験から考えてみよう。説明文を読む際の手順である。まずは文章全体の構成を捉えること。構成を捉えるとき，目印になるのは，ナンバリングである。

学習指導要領国語は，「第1　目標」「第2　各学年の目標及び内容」「第3　指導計画の作成と内容の取扱い」の3部構成からなっている。

(1) 目標

第1の目標から読み解いていこう。何事においても，目標は大切である。何を達成したいのか，行き着く先を見通して学習することが肝要である。目標を明確に捉えていないと，単なる指導技術に終始する学びに陥るからである。小学校6年間の国語科指導でどんな力を付けるのか，子供たちのどんな姿を目指して指導するのか，明らかにしておこう。

> 第1　目標
> ①言葉による見方・考え方を働かせ，言語活動を②通して，国語で③正確に理解し適切に表現する資質・能力を次のとおり育成することを目指す。
> （1）日常生活に必要な国語について，その特質を理解し適切に使うことができるようにする。
> （2）日常生活における人との関わりの中で伝え合う力を高め，思考力や想像力を養う。
> （3）言葉がもつよさを認識するとともに，言語感覚を養い，国語の大切さを自覚し，国語を尊重してその能力の向上を図る態度を養う。
> 　　　　　　　　　　　　　　　　　　　　　　　（丸数字，下線引用者）

63文字一文の目標を受けて，今回の改訂では三つの項目が示された。これまでの国語科では見られなかった特徴である。

（1）では，「国語の特質の理解」つまり「知識及び技能」について述べ，「～できるようにする」と確実な習得を求めている。国語の特質とは，具体的には，言葉の特徴や使い方，話や文章に含まれている情報の扱い方，我が国の言語文化に関するものを指す。これらの知識を理解するだけにとどまらず，実際の生活の中で活用する能力，生きて働く言葉の力を身に付けることをねらった項目である（詳しくは本書第3章第2節で述べる）。

　(2)では，「伝え合う力」「思考力」「想像力」，つまり「思考力，判断力，表現力等」の育成を挙げている。これらは，前回の学習指導要領では目標の中に組み込まれていたものである。「伝え合う力」とは，言語によるコミュニケーション能力であり，音声言語でいう「話したり・聞いたり・話し合ったりする力」，文字言語でいうと「読んだり・書いたり」する力である。伝え合うためには，自分の考えをもつことが必要であり，相手の思いを正確に理解する能力も併せて求められる。論理的に思考する力や，豊かに想像する力の育成が求められる理由がここにある。伝え合う活動を通して他者の考えと比較したり関連付けたりさせて，発想や思考の深化が促され，新たな創造が可能となる。これらを，これからの時代を切りひらく「思考力，判断力，表現力等」として育成していくことが重要である。

　(3)は，「学びに向かう力，人間性等」に関する目標として示されている。「言葉がもつよさの認識」「国語の大切さの自覚」「国語の尊重」と並べ，国語（日本語）への思いを大切にすることの必要性を強調していることが，前学習指導要領と比較することによってより明確に理解できる。

　ここでは「態度面」に言及しているが，前学習指導要領の文言と比較すると，より一層「言語能力」の向上を目指していることが分かる。ここにも，言語の教育としての国語科をしっかり位置付けようという意図がある。

(2) 目標におけるキーワード解説
① 「言葉による見方・考え方を働かせ」

　国語という教科の特徴を明確に示したフレーズである。学習指導要領解説には，「言葉による見方・考え方を働かせるとは，児童が学習の中で，対象と言葉，言葉と言葉との関係を，言葉の意味，働き，使い方等に着目して捉えたり問い直したりして，言葉への自覚を高めることであると考えられる」とあり，「国語科においては，言葉を通じた理解や表現及びそこで用いられる言葉そのものを学習対象としている」と，国語科という教科の学習対象が言葉そのものであると明示している。

②言語活動を「通して」

　「言語活動」の重要性は，前回の学習指導要領でも強く提示されてはいたが，目標に盛り込まれることはなかった。言語能力の育成も言語活動抜きには考えられない。ただ，国語科の目標は，言語活動そのものではないことを「通して」

という言葉を使うことで示している。ともすると、「～をつくる」「～の会を開く」「～の発表をする」といった活動自体が目標になり、本来の「言語能力を育成する」ことが置き去りにされがちな実践への警鐘ともみられる改訂である。

③「正確に理解し適切に表現」

すでに気づいたように、2008（平成20）年版の表記と順序が逆転している。解説には「正確に理解する資質・能力と、適切に表現する資質・能力とは、連続的かつ同時的に機能するものであるが、表現する内容となる<u>自分の考えなどを形成</u>するためには国語で表現された様々な事物、経験、思い、考え等を理解することが必要であることから……」とその理由が述べられている。ここでいう「自分の考えの形成」を強く求めていることも今回の改訂の全教科にわたる特徴の一つである。

④「言語感覚」とは

(3)に<u>言語感覚を養い</u>とある。言語感覚とは何か。文字通り言語に関する感覚のことであるが、実体を伴って理解しにくいという声をよく聞く。ここでやや詳しく解説しておきたい。

「言語感覚」とはどのような感覚をいうのか、解説には、「言語で理解したり表現したりする際の<u>正誤・適否・美醜</u>などについての感覚のこと」とある。

<u>正誤</u>とは、文字通り正しいか正しくないかの判断である。例えば、「子供たちは……」で始まった文の述部（文末）が「指導している」となっているとき、「うん？　何かおかしいぞ」と気づく感覚である。「ら抜き言葉」や「さ入れ言葉」といった「語そのもの」についても「おや？」と直感的に判断する感覚をいう。

<u>適否</u>とは、相手、目的や意図、場面やその場の状況に対してふさわしいか、そうでないかを感じ取る能力を指す。結婚式や門出の場で使う言葉が、葬儀や別れの場にふさわしいとは限らない。釈明の場と謝罪の場では、同じ内容であっても用いる言葉はおのずと違ってくる。言葉の選び方ひとつで相手に与える印象が異なることは、日ごろの生活でも覚えがあることと思う。広くは、敬語の使い方なども含まれる。

<u>美醜</u>とは、表現としてそこで用いられている言葉が醸し出す雰囲気や味わいを感覚的に評価するものである。「ああ、よい表現だなあ」「自分も使ってみたいなあ」といった思いが、豊かな語彙の獲得には必要である。日本語として美しい言葉や表現に敏感に反応する感覚や、それらを味わう態度を養うことが求められる。

　このような言語に対する感覚を養うことは，言語生活を充実させ，自分なりの物の見方や考え方を形成する力となる。ここではどの言葉，どういった表現をすることが最も自分の気持ちに近いか，判断し実行する能力，相手の意図や真意を言葉から推測する能力等，確かで豊かな言語活動を行うためにも大切な力である。

　言語感覚の育成には，言語環境が大きく影響する。児童の日常生活が豊かな言葉であふれるように，国語教室はもちろん，学校全体，家庭・地域の環境整備にも心を砕くことが必要である。

(3) 第2　各学年の目標及び内容

　国語科の目標に基づいて，「第2　各学年の目標及び内容」が，第1学年及び第2学年，第3学年及び第4学年，第5学年及び第6学年のまとまりで示されている。目標と内容が2学年くくりで示されているのは，発達段階に応じながらも，ねらいと内容を重点化し螺旋的・反復的に繰り返しながら，確かな資質・能力として十分な定着を図ることを目指しているからである。

①各学年の目標

　下表の通り，教科の目標に示す(1)(2)(3)に即して示されている。

表2-1

	第1学年及び第2学年	第3学年及び第4学年	第5学年及び第6学年
知識及び技能	(1)　日常生活に必要な国語の知識や技能を身に付けるとともに，我が国の言語文化に親しんだり理解したりすることができるようにする。	(1)　日常生活に必要な国語の知識や技能を身に付けるとともに，我が国の言語文化に親しんだり理解したりすることができるようにする。	(1)　日常生活に必要な国語の知識や技能を身に付けるとともに，我が国の言語文化に親しんだり理解したりすることができるようにする。
思考力，判断力，表現力等	(2)　順序立てて考える力や感じたり想像したりする力を養い，日常生活における人との関わりの中で伝え合う力を高め，自分の思いや考えをもつことができるようにする。	(2)　筋道立てて考える力や豊かに感じたり想像したりする力を養い，日常生活における人との関わりの中で伝え合う力を高め，自分の思いや考えをまとめることができるようにする。	(2)　筋道立てて考える力や豊かに感じたり想像したりする力を養い，日常生活における人との関わりの中で伝え合う力を高め，自分の思いや考えを広げることができるようにする。

学びに向かう力、人間性等	（3）　言葉がもつよさを感じるとともに，楽しんで読書をし，国語を大切にして，思いや考えを伝え合おうとする態度を養う。	（3）　言葉がもつよさに気付くとともに，幅広く読書をし，国語を大切にして，思いや考えを伝え合おうとする態度を養う。	（3）　言葉がもつよさを認識するとともに，進んで読書をし，国語の大切さを自覚して思いや考えを伝え合おうとする態度を養う。

　（1）の「知識及び技能」に関する目標は，全学年同じである。6年間を通して様々な言語教材を使い，言語活動を通して身に付けることが期待されている。キーワードは，「日常生活」「国語の知識や技能」「我が国の言語文化」の三つである。

　単なる「知っている」「やり方は分かる」といったものではなく，日常の生活場面で活用できる「生きて働く知識及び技能」としての習得を求めているところに特徴がある。ちなみに中学校国語の「知識及び技能」の目標は，全学年ともに「日常生活」が「社会生活」に代わるだけで他は全く同じである。

　「国語の知識や技能」とは具体的には，「言葉の特徴や使い方」「話や文章に含まれている情報の扱い方」「我が国の言語文化に関する知識や技能」を指している。「我が国の言語文化」は4項目で「伝統的な言語文化」「言葉の由来や変化」「書写」「読書」からなっている。

　これらは，前の学習指導要領では，内容の最後尾に〔事項〕として示されていたもので，今回の改訂では1番目の項目として取り上げられている。こうした示し方にも言語の教科として言葉を大事に捉えていることがよく分かる（内容等については本書第3章第4節で詳しく解説）。

　（2）は，「思考力，判断力，表現力等」に関する目標である。全学年共通のキーワードは，「考える力」「感じたり想像したりする力」「伝え合う力」「自分の思いや考え」である。それぞれが，発達に応じて段階的により高度な内容になっている。例えば，第1学年及び第2学年の「自分の考えをもつ」は，第3学年及び第4学年で「まとめる」，第5学年及び第6学年では「広げる」に変化している。ちなみに中学校第1学年では「確かなものにする」とさらに深化している。

　（3）は，「学びに向かう力，人間性等」に関わる目標である。キーワードは「言葉がもつよさ」「読書」「伝え合おうとする態度」といえよう。例えば言葉がもつよさについては，学年の発達に応じて「感じる」「気付く」「認識する」とそ

の精度が高まり，読書に向かう態度については「楽しんで」「幅広く」「進んで」と，主体性の高まりを示しているといえよう。

②各学年の内容

ここに示されている各項目は，国語科の授業で全員の児童に身に付けさせたい指導内容である。ここに示された内容を，適切な教材を使って確実に習得させたい，いわば指導上のねらいである。2学年ずつのまとまりで，まず〔知識及び技能〕が(1)言葉の特徴や使い方に関する事項(2)情報の扱い方に関する事項(3)我が国の言語文化に関する事項に整理されて示されている。続けて〔思考力，判断力，表現力等〕が，A　話すこと・聞くこと，B　書くこと，C　読むことの3領域の順に示され，さらに3領域はそれぞれ(1)の指導事項と(2)の言語活動例から構成されている。

③「各学年の内容」の構成

〔知識及び技能〕

　(1)　言葉の特徴や使い方に関する事項

　(2)　情報の扱い方に関する事項

　(3)　我が国の言語文化に関する事項

〔思考力，判断力，表現力等〕

　A　話すこと・聞くこと　　　(1)　指導事項　　(2)　言語活動例

　B　書くこと　　　　　　　　(1)　指導事項　　(2)　言語活動例

　C　読むこと　　　　　　　　(1)　指導事項　　(2)　言語活動例

国語科目標の一つである「学びに向かう力，人間性等」については，項目を示して指導するというより，〔知識及び技能〕〔思考力，判断力，表現力等〕に示された国語科で育てたい資質・能力を支える態度についての系統性であることから，指導事項としては具体的には示されていない。

第3節 「学習指導要領国語」の内容解説

1.〔知識及び技能〕

(1) 言葉の特徴や使い方に関する事項

　小学校6年間を通して表2-2に示された内容を確実に習得させる。そのためには各学年の指導内容を明確に把握し，次学年では獲得した基礎的事項を生活のなかで使えるように導くことが求められる。

表2-2

	(小)第1学年及び第2学年	(小)第3学年及び第4学年	(小)第5学年及び第6学年
	(1) 言葉の特徴や使い方に関する次の事項を身に付けることができるよう指導する。		
言葉の働き	ア　言葉には，事物の内容を表す働きや，経験したことを伝える働きがあることに気付くこと。	ア　言葉には，考えたことや思ったことを表す働きがあることに気付くこと。	ア　言葉には，相手とのつながりをつくる働きがあることに気付くこと。
話し言葉と書き言葉	イ　音節と文字との関係，アクセントによる語の意味の違いなどに気付くとともに，姿勢や口形，発声や発音に注意して話すこと。 ウ　長音，拗音，促音，撥音などの表記，助詞の「は」，「へ」及び「を」の使い方，句読点の打ち方，かぎ（「　」）の使い方を理解して文や文章の中で使うこと。また，平仮名及び片仮名を読み，書くとともに，片仮名で書く語の種類を知り，文や文章の中で使うこと。	イ　相手を見て話したり聞いたりするとともに，言葉の抑揚や強弱，間の取り方などに注意して話すこと。 ウ　漢字と仮名を用いた表記，送り仮名の付け方，改行の仕方を理解して文や文章の中で使うとともに，句読点を適切に打つこと。また，第3学年においては，日常使われている簡単な単語について，ローマ字で表記されたものを読み，ローマ字で書くこと。	イ　話し言葉と書き言葉との違いに気付くこと。 ウ　文や文章の中で漢字と仮名を適切に使い分けるとともに，送り仮名や仮名遣いに注意して正しく書くこと。

漢字	エ 第1学年においては，別表の学年別漢字配当表（以下「学年別漢字配当表」という。）の第1学年に配当されている漢字を読み，漸次書き，文や文章の中で使うこと。第2学年においては，学年別漢字配当表の第2学年までに配当されている漢字を読むこと。また，第1学年に配当されている漢字を書き，文や文章の中で使うとともに，第2学年に配当されている漢字を漸次書き，文や文章の中で使うこと。	エ 第3学年及び第4学年の各学年においては，学年別漢字配当表の当該学年までに配当されている漢字を読むこと。また，当該学年の前の学年までに配当されている漢字を書き，文や文章の中で使うとともに，当該学年に配当されている漢字を漸次書き，文や文章の中で使うこと。	エ 第5学年及び第6学年の各学年においては，学年別漢字配当表の当該学年までに配当されている漢字を読むこと。また，当該学年の前の学年までに配当されている漢字を書き，文や文章の中で使うとともに，当該学年に配当されている漢字を漸次書き，文や文章の中で使うこと。
語彙	オ 身近なことを表す語句の量を増し，話や文章の中で使うとともに，言葉には意味による語句のまとまりがあることに気付き，語彙を豊かにすること。	オ 様子や行動，気持ちや性格を表す語句の量を増し，話や文章の中で使うとともに，言葉には性質や役割による語句のまとまりがあることを理解し，語彙を豊かにすること。	オ 思考に関わる語句の量を増し，話や文章の中で使うとともに，語句と語句との関係，語句の構成や変化について理解し，語彙を豊かにすること。また，語感や言葉の使い方に対する感覚を意識して，語や語句を使うこと。
文や文章	カ 文の中における主語と述語との関係に気付くこと。	カ 主語と述語との関係，修飾と被修飾との関係，指示する語句と接続する語句の役割，段落の役割について理解すること。	カ 文の中での語句の係り方や語順，文と文との接続の関係，話や文章の構成や展開，話や文章の種類とその特徴について理解すること。
言葉遣い	キ 丁寧な言葉と普通の言葉との違いに気を付けて使うとともに，敬体で書かれた文章に慣れること。	キ 丁寧な言葉を使うとともに，敬体と常体との違いに注意しながら書くこと。	キ 日常よく使われる敬語を理解し使い慣れること。

技法の表現			ク 比喩や反復などの表現の工夫に気付くこと。
朗読、音読	ク 語のまとまりや言葉の響きなどに気を付けて音読すること。	ク 文章全体の構成や内容の大体を意識しながら音読すること。	ケ 文章を音読したり朗読したりすること。

(2) 情報の扱い方に関する事項

　情報の扱い方に関する内容は，今回の改訂から新しく示されたものである。解説p. 23を熟読し，改訂の趣旨や背景について理解しておこう。

表2-3

	(小)第1学年及び第2学年	(小)第3学年及び第4学年	(小)第5学年及び第6学年
	(2) 話や文章に含まれている情報の扱い方に関する次の事項を身に付けることができるよう指導する。		
情報と情報との関係	ア 共通，相違，事柄の順序など情報と情報との関係について理解すること。	ア 考えとそれを支える理由や事例，全体と中心など情報と情報との関係について理解すること。	ア 原因と結果など情報と情報との関係について理解すること。
情報の整理		イ 比較や分類の仕方，必要な語句などの書き留め方，引用の仕方や出典の示し方，辞書や事典の使い方を理解し使うこと。	イ 情報と情報との関係付けの仕方，図などによる語句と語句との関係の表し方を理解し使うこと。

(3) 我が国の言語文化に関する事項

　我が国の言語文化とは，我が国の歴史の中で創造され，継承されてきた「文化的に価値をもつ言語そのもの」，それら価値ある言語を使うことによって構築されてきた「文化的な言語生活」，古代から現代までの長きにわたって人々に愛されてきた「多様な言語芸術や芸能」などを指している。

　今回の改訂では「伝統的な言語文化」「言葉の由来や変化」「書写」「読書」の4項目で整理されている。

表2-4

	(小)第1学年及び第2学年	(小)第3学年及び第4学年	(小)第5学年及び第6学年
	(3) 我が国の言語文化に関する次の事項を身に付けることができるよう指導する。		
伝統的な言語文化	ア 昔話や神話・伝承などの読み聞かせを聞くなどして，我が国の伝統的な言語文化に親しむこと。 イ 長く親しまれている言葉遊びを通して，言葉の豊かさに気付くこと。	ア 易しい文語調の短歌や俳句を音読したり暗唱したりするなどして，言葉の響きやリズムに親しむこと。 イ 長い間使われてきたことわざや慣用句，故事成語などの意味を知り，使うこと。	ア 親しみやすい古文や漢文，近代以降の文語調の文章を音読するなどして，言葉の響きやリズムに親しむこと。 イ 古典について解説した文章を読んだり作品の内容の大体を知ったりすることを通して，昔の人のものの見方や感じ方を知ること。
言葉の由来や変化		ウ 漢字が，へんやつくりなどから構成されていることについて理解すること。	ウ 語句の由来などに関心をもつとともに，時間の経過による言葉の変化や世代による言葉の違いに気付き，共通語と方言との違いを理解すること。また，仮名及び漢字の由来，特質などについて理解すること。
書写	ウ 書写に関する次の事項を理解し使うこと。 （ア） 姿勢や筆記具の持ち方を正しくして書くこと。 （イ） 点画の書き方や文字の形に注意しながら，筆順に従って丁寧に書くこと。 （ウ） 点画相互の接し方や交わり方，長短や方向などに注意して，文字を正しく書くこと。	エ 書写に関する次の事項を理解し使うこと。 （ア） 文字の組立て方を理解し，形を整えて書くこと。 （イ） 漢字や仮名の大きさ，配列に注意して書くこと。 （ウ） 毛筆を使用して点画の書き方への理解を深め，筆圧などに注意して書くこと。	エ 書写に関する次の事項を理解し使うこと。 （ア） 用紙全体との関係に注意して，文字の大きさや配列などを決めるとともに，書く速さを意識して書くこと。 （イ） 毛筆を使用して，穂先の動きと点画のつながりを意識して書くこと。 （ウ） 目的に応じて使用する筆記具を選び，その特徴を生かして書くこと。
読書	エ 読書に親しみ，いろいろな本があることを知ること。	オ 幅広く読書に親しみ，読書が，必要な知識や情報を得ることに役立つことに気付くこと。	オ 日常的に読書に親しみ，読書が，自分の考えを広げることに役立つことに気付くこと。

2.〔思考力，判断力，表現力等〕

(1) A　話すこと・聞くこと

①指導事項

　A「話すこと・聞くこと」の指導事項は表に示したように学習過程に沿った構成になっている。

(1) 学習過程ア（「話すこと・聞くこと・話し合うこと」すべてに関わる項目）
　　・話題を設定する。
　　・その話題（テーマ）についての情報（話す材料）を収集する。
　　・収集した材料の内容を検討し，精選する。

(2) 学習過程イ（「話すこと」に関わる項目）
　　・構成（話の組み立て）を検討する。
　　・自分が伝えたいことは何だったのか，この構成で十分伝わるか，自分の思いや考えを確認する（考えの形成）。

(3) 学習過程ウ（「話すこと」に関わる項目）
　　・実際に話すことによって伝える。
　　・相手意識（誰に），場面意識（どこで），目的意識（何のために），方法意識（どんな話し方で），評価意識（十分伝わったか）をもち，話す技能を高める。

(4) 学習過程エ（「聞くこと」に関わる項目）
　　・構造と内容の把握（何についての話か，どんな組み立てで話そうとしているのか）
　　・精査・解釈（話し手が伝えたいことは何か，自分の聞く必要のあることは何か）
　　・考えの形成（相手の話に対する自分なりの考えとの比較・関係付け）

(5) 学習過程オ（「話し合うこと」に関わる項目）
　　・話合いの進め方の検討（話合いの進め方の具体的な技能の活用）
　　・共有（自分の考えを広げたり，深めたり整理したり，確かめたりする）

　　話し合う活動は，話すことと聞くことを交互にもしくは同時に行うことである。アからウまでの各指導事項を総合的に関わらせた指導が求められる。また，話し合う活動はすべての教科等で必要な言語活動を支える資質・能力でもある。

表2-5

	第1学年及び第2学年	第3学年及び第4学年	第5学年及び第6学年
話題の設定、情報の収集、内容の検討	ア 身近なことや経験したことなどから話題を決め、伝え合うために必要な事柄を選ぶこと。	ア 目的を意識し、日常生活の中から話題を決め、集めた材料を比較したり分類したりして、伝え合うために必要な事柄を選ぶこと。	ア 目的や意図に応じて、日常生活の中から話題を決め、集めた材料を分類したり関係付けたりして、伝え合う内容を検討すること。
構成の検討、考えの形成（話すこと）	イ 相手に伝わるように、行動したことや経験したことに基づいて、話す事柄の順序を考えること。	イ 相手に伝わるように、理由や事例などを挙げながら、話の中心が明確になるよう話の構成を考えること。	イ 話の内容が明確になるように、事実と感想、意見とを区別するなど、話の構成を考えること。
表現、共有（話すこと）	ウ 伝えたい事柄や相手に応じて、声の大きさや速さなどを工夫すること。	ウ 話の中心や話す場面を意識して、言葉の抑揚や強弱、間の取り方などを工夫すること。	ウ 資料を活用するなどして、自分の考えが伝わるように表現を工夫すること。
構造と内容の把握、精査・解釈、考えの形成、共有（聞くこと）	エ 話し手が知らせたいことや自分が聞きたいことを落とさないように集中して聞き、話の内容を捉えて感想をもつこと。	エ 必要なことを記録したり質問したりしながら聞き、話し手が伝えたいことや自分が聞きたいことの中心を捉え、自分の考えをもつこと。	エ 話し手の目的や自分が聞こうとする意図に応じて、話の内容を捉え、話し手の考えと比較しながら、自分の考えをまとめること。
話合いの進め方の検討、考えの形成、共有（話し合うこと）	オ 互いの話に関心をもち、相手の発言を受けて話をつなぐこと。	オ 目的や進め方を確認し、司会などの役割を果たしながら話し合い、互いの意見の共通点や相違点に着目して、考えをまとめること。	オ 互いの立場や意図を明確にしながら計画的に話し合い、考えを広げたりまとめたりすること。

②言語活動例

　学習指導要領各学年の内容〔思考力，判断力，表現力等〕は，A・B・Cの3領域とも前出の(1)指導事項と，指導のための(2)言語活動例で構成されている。以下に一覧表を示す。

表2-6

第1学年及び第2学年	第3学年及び第4学年	第5学年及び第6学年
ア　紹介や説明，報告など伝えたいことを話したり，それらを聞いて声に出して確かめたり感想を述べたりする活動。	ア　説明や報告など調べたことを話したり，それらを聞いたりする活動。	ア　意見や提案など自分の考えを話したり，それらを聞いたりする活動。
	イ　質問するなどして情報を集めたり，それらを発表したりする活動。	イ　インタビューなどをして必要な情報を集めたり，それらを発表したりする活動。
イ　尋ねたり応答したりするなどして，少人数で話し合う活動。	ウ　互いの考えを伝えるなどして，グループや学級全体で話し合う活動。	ウ　それぞれの立場から考えを伝えるなどして話し合う活動。

　低・中・高学年ともにア系列の内容は，話す活動例として，紹介・説明・報告・意見・提案等自分で調べたり考えたりした内容が話題・題材として示されている。中・高学年のイ系列は，質問やインタビューといった目的の明確な聞くこと，さらには得た情報を発表する活動が示されている。低学年のイ系列，中・高学年のウ系列は，話し合う活動の，学年の発達段階に応じた具体的な活動例が示されている。

　学習指導要領解説には，「これらの言語活動は例示であるため，これらの全てを行わなければならないものではなく，これ以外の言語活動を取り上げることも考えられる。」と記されている。そうはいっても，子供たちが主たる教材として使う「教科書」には，これらの言語活動例はすべて網羅されており，学習指導要領での例示という意味は大きい。

(2) B　書くこと
①指導事項

　B「書くこと」の指導事項もA「話すこと・聞くこと」同様，学習過程に沿った構成になっている。むしろ「書くこと」の方がより一層一連のプロセスとしての流れが分かりやすい。

(1) 学習過程ア（題材の設定，情報の収集，内容の検討）

　書く活動を始めるには，まず，何を伝えたいのか，何について書くのかを決める（題材の設定）。題材が決まったら，必要な材料を集めたり（情報の収集），その中から相手や目的，意図に応じて適切なものを選んだり（内容の検討）する学習に進む。

※意図とは，伝える側（書き手）はもちろんであるが，相手（読み手）の思いや目論見，期待や反応なども含めている。

(2) 学習過程イ（構成の検討）

　文章の組み立てを考えることである。行き当たりばったりの文章ではなく，あらかじめ書く順番を決めたり，項目を整理したり，どれくらいの分量で書くのか見通しをもったりする学習過程である。

(3) 学習過程ウ（考えの形成，記述）

　この項目に「自分の考えの形成」が明記されていることは重要である。「書く」という行為そのものが自分の思考の整理につながるものであるが，常に「この書き方で適切か」「思いや考えが読み手に正確に伝わるか」を考えながら，書き表し方を工夫しながら記述することを示している。

(4) 学習過程エ（推敲）

　文章を書きっぱなしにするのではなく，読み返し，間違いを正したり，構成や書き表し方などに着目してよりよい文章に整えたりする学習過程である。

※「推敲」は故事成語。言葉の由来を確認しておこう。

(5) 学習過程オ（共有）

　前回の学習指導要領では「交流」と示されていた。文字通り，お互いに書いたものを読み合い感想や意見を伝え合うという内容である。単に伝え合うだけなら「交流」で通じるが「共有」という言葉がもつ意味は，さらに読み合う中で気づいた相互の書きぶりのよさ，着眼点のよさ等を，再度自覚したり学び取ったりすることまでを求めていることに注目したい。

表2-7

	第1学年及び第2学年	第3学年及び第4学年	第5学年及び第6学年
題材の設定、情報の収集、内容の検討	ア　経験したことや想像したことなどから書くことを見付け，必要な事柄を集めたり確かめたりして，伝えたいことを明確にすること。	ア　相手や目的を意識して，経験したことや想像したことなどから書くことを選び，集めた材料を比較したり分類したりして，伝えたいことを明確にすること。	ア　目的や意図に応じて，感じたことや考えたことなどから書くことを選び，集めた材料を分類したり関係付けたりして，伝えたいことを明確にすること。
構成の検討	イ　自分の思いや考えが明確になるように，事柄の順序に沿って簡単な構成を考えること。	イ　書く内容の中心を明確にし，内容のまとまりで段落をつくったり，段落相互の関係に注意したりして，文章の構成を考えること。	イ　筋道の通った文章となるように，文章全体の構成や展開を考えること。
考えの形成、記述	ウ　語と語や文と文との続き方に注意しながら，内容のまとまりが分かるように書き表し方を工夫すること。	ウ　自分の考えとそれを支える理由や事例との関係を明確にして，書き表し方を工夫すること。	ウ　目的や意図に応じて簡単に書いたり詳しく書いたりするとともに，事実と感想，意見とを区別して書いたりするなど，自分の考えが伝わるように書き表し方を工夫すること。 エ　引用したり，図表やグラフなどを用いたりして，自分の考えが伝わるように書き表し方を工夫すること。
推敲	エ　文章を読み返す習慣を付けるとともに，間違いを正したり，語と語や文と文との続き方を確かめたりすること。	エ　間違いを正したり，相手や目的を意識した表現になっているかを確かめたりして，文や文章を整えること。	オ　文章全体の構成や書き表し方などに着目して，文や文章を整えること。
共有	オ　文章に対する感想を伝え合い，自分の文章の内容や表現のよいところを見付けること。	オ　書こうとしたことが明確になっているかなど，文章に対する感想や意見を伝え合い，自分の文章のよいところを見付けること。	カ　文章全体の構成や展開が明確になっているかなど，文章に対する感想や意見を伝え合い，自分の文章のよいところを見付けること。

②言語活動例

以下の表は，B「書くこと」の言語活動例である。

表2-8

第1学年及び第2学年	第3学年及び第4学年	第5学年及び第6学年
ア 身近なことや経験したことを報告したり，観察したことを記録したりするなど，見聞きしたことを書く活動。	ア 調べたことをまとめて報告するなど，事実やそれを基に考えたことを書く活動。	ア 事象を説明したり意見を述べたりするなど，考えたことや伝えたいことを書く活動。
イ 日記や手紙を書くなど，思ったことや伝えたいことを書く活動。	イ 行事の案内やお礼の文章を書くなど，伝えたいことを手紙に書く活動。	
ウ 簡単な物語をつくるなど，感じたことや想像したことを書く活動。	ウ 詩や物語をつくるなど，感じたことや想像したことを書く活動。	イ 短歌や俳句をつくるなど，感じたことや想像したことを書く活動。
		ウ 事実や経験を基に，感じたり考えたりしたことや自分にとっての意味について文章に書く活動。

どの学年もア系列は，報告文，観察記録文，意見文など説明的な文章を書く言語活動となっている。国語の作文といえば，遠足や運動会などの行事作文や生活作文を連想する向きが多いと思う。求められている思考力・判断力・表現力は，事実を正確に伝えたり，自分の思いや考えを率直に分かりやすく伝えたりする能力の育成を指していることが分かる。低・中学年のイ系列は，日記や手紙といった日常生活に密着した実用的な文章を書く活動である。特に中学年では，目的や相手意識を明確にした手紙をイメージしていることが分かる。

低・中学年のうと高学年のイの項目は，短歌や俳句も含めた詩や物語，いわゆる文学的な文章を書く活動である。高学年のウは，前の学習指導要領の活動例にあった「随筆」を受け継ぐ項目である。なお，中学校では，第1学年の言語活動例に「詩を創作したり随筆を書いたり」と明記されている。小・中のつながりを意識して指導することが大切である。

(3) C　読むこと

①指導事項

　表2-9のア・ウが説明的文章，イ・エが文学的文章，オとカは説明的文章・文学的文章に共通する項目ということである。

　文章を読むための学習過程では，まずその文章の「構造と内容」を大まかにつかむことが大切である。どんな内容・テーマ・題材が，どんな順序・組み立て・構成で書かれているのか，叙述（使われている言葉・文・文章）を基につかむことを指している。

　次に，「精査」とは一読しただけではよく分からなかったことや，自分がもっと読み深めたいこと，興味のあるところなどを，叙述に基づいて詳しく読み進め，必要な情報を見つけたり，叙述から想像したりすることを指す。さらに「解釈」は，書き手の意図をつかんだり，論の進め方や表現の効果を評価したりすることである。書かれていることを正確に理解する能力を育てる「精査」，さらに書き手を意識し，客観的に評価する能力を養う「解釈」，どちらも確実に育成したい指導事項である。

　ここまでは，文章の種類（ジャンル）によって，指導内容が別々に示されている。それぞれの特徴について確実に理解することが必要である（本書第4章第3・4節に，それぞれの詳しい説明がある。併せて学修することを勧める）。

　A領域にもB領域にも共通するのはオ・カの項目である。オ「考えの形成」とは，文章の構造と内容を捉え，精査・解釈することを通して理解したことに基づいて，自分の体験や知識と結び付け自分なりの感想をもったり考えをまとめたりすることをいう。自分の考え方や生き方に生かしていこうとする学びの態度も含めた項目である。発達段階に応じて，その広さや深さには大きな違いがあるのは当然である。6歳の子供の「いいね」，「あれ？」，「なるほど！」と12歳の子供の「いいね」，「あれ？」，「なるほど！」については，それぞれに応じた指導が必要であるのは言うまでもない。ただ，どの学年であっても，読みっぱなしで終わるのではなく，読んでどう思ったか，何を考えたか，そのことに対して自分はどうしたいかといった視点を指導することが求められている。

　カ「共有」とは，文章を読んで形成してきた自分の考えを表現し，互いの考えのよさを認め合ったり，比較してそれらの違いに気づいたりすることを通して，自分の考えを広げたり深めたり確かめたりすることである。こうした能力

は，主に小学校で育成することとし，中学校からは小学校での学びを生かして
自分の考えを形成することとされている。

表2-9

		第1学年及び第2学年	第3学年及び第4学年	第5学年及び第6学年
構造と内容の把握	説明的な文章	ア 時間的な順序や事柄の順序などを考えながら，内容の大体を捉えること。	ア 段落相互の関係に着目しながら，考えとそれを支える理由や事例との関係などについて，叙述を基に捉えること。	ア 事実と感想，意見などとの関係を叙述を基に押さえ，文章全体の構成を捉えて要旨を把握すること。
	文学的な文章	イ 場面の様子や登場人物の行動など，内容の大体を捉えること。	イ 登場人物の行動や気持ちなどについて，叙述を基に捉えること。	イ 登場人物の相互関係や心情などについて，描写を基に捉えること。
精査・解釈	説明的な文章	ウ 文章の中の重要な語や文を考えて選び出すこと。	ウ 目的を意識して，中心となる語や文を見付けて要約すること。	ウ 目的に応じて，文章と図表などを結び付けるなどして必要な情報を見付けたり，論の進め方について考えたりすること。
	文学的な文章	エ 場面の様子に着目して，登場人物の行動を具体的に想像すること。	エ 登場人物の気持ちの変化や性格，情景について，場面の移り変わりと結び付けて具体的に想像すること。	エ 人物像や物語などの全体像を具体的に想像したり，表現の効果を考えたりすること。
考えの形成		オ 文章の内容と自分の体験とを結び付けて，感想をもつこと。	オ 文章を読んで理解したことに基づいて，感想や考えをもつこと。	オ 文章を読んで理解したことに基づいて，自分の考えをまとめること。
共有		カ 文章を読んで感じたことや分かったことを共有すること。	カ 文章を読んで感じたことや考えたことを共有し，一人一人の感じ方などに違いがあることに気付くこと。	カ 文章を読んでまとめた意見や感想を共有し，自分の考えを広げること。

②言語活動例

表2-10

第1学年及び第2学年	第3学年及び第4学年	第5学年及び第6学年
ア　事物の仕組みを説明した文章などを読み，分かったことや考えたことを述べる活動。	ア　記録や報告などの文章を読み，文章の一部を引用して，分かったことや考えたことを説明したり，意見を述べたりする活動。	ア　説明や解説などの文章を比較するなどして読み，分かったことや考えたことを，話し合ったり文章にまとめたりする活動。
イ　読み聞かせを聞いたり物語などを読んだりして，内容や感想などを伝え合ったり，演じたりする活動。	イ　詩や物語などを読み，内容を説明したり，考えたことなどを伝え合ったりする活動。	イ　詩や物語，伝記などを読み，内容を説明したり，自分の生き方などについて考えたことを伝え合ったりする活動。
ウ　学校図書館などを利用し，図鑑や科学的なことについて書いた本などを読み，分かったことなどを説明する活動。	ウ　学校図書館などを利用し，事典や図鑑などから情報を得て，分かったことなどをまとめて説明する活動。	ウ　学校図書館などを利用し，複数の本や新聞などを活用して，調べたり考えたりしたことを報告する活動。

　C「読むこと」の言語活動例としては，上の表のようにア・イ・ウの系列で示されている。

　アは，いわゆる説明的な文章を読むことの資質・能力を育てる言語活動である。まず，どのような文章を読むことの対象にするのかが述べられ，（～を読み，）それに続けて，解釈したことを自分なりに考えて表現する活動が示されている。読む能力は，ただ書かれている内容を精査・解釈しただけでは身に付かないことを端的に示している。

　イは，いわゆる文学的な文章に関わる言語活動例である。アと同様に作品を読んだ後，説明したり相互に伝え合ったりする活動が示されている。

　ウは，学校図書館を利用することを示した項目である。この項目も同様に，読みっぱなしではなく，他者に表現する活動が盛り込まれている。読み物のジャンルについても具体的な例を示しているところに着目したい。

　以上が，「第2　各学年の目標及び内容」に関する大まかな解説である。

（4）「第3　指導計画の作成と内容の取扱い」

　続いて学習指導要領の最後の大項目,「第3　指導計画の作成と内容の取扱い」について述べる。この大項目の構成を確認しておこう。

　指導計画の作成と内容の取扱いは,大きく3項目の配慮事項について示されている。

　①指導計画作成上の配慮事項

　②内容の取扱いについての配慮事項

　③教材についての配慮事項

①指導計画作成上の配慮事項

　「指導計画の作成」とは,国語科の1単位時間の計画,数時間にわたる単元指導計画,さらには年間指導計画も含めたものを指す。したがって,学習指導要領では,下記の10項目にわたって言及している。指導計画（いわゆる指導案）作成においては,必須の学修事項である。熟読し理解を深めておきたい。

(1)　主体的・対話的で深い学びの実現に向けた授業改善に関する配慮事項

(2)　弾力的な指導に関する配慮事項

(3)　〔知識及び技能〕に関する配慮事項

(4)　「A話すこと・聞くこと」に関する配慮事項

(5)　「B書くこと」に関する配慮事項

(6)　「読書」及び「C読むこと」に関する配慮事項

(7)　低学年における他教科等や幼児教育等についての配慮事項

(8)　他教科等との関連についての配慮事項

(9)　障害のある児童への配慮事項

(10)　道徳科などとの関連についての配慮事項

　中でも（1）「主体的・対話的で深い学びの実現に向けた授業改善に関する配慮事項」は,今回の改訂の核ともいえる項目であり,授業改善の方向を示している。改訂検討の経過では,「アクティブ・ラーニング」という文言で説明されている。すべての教科等に関わるキーワードとして,総則の「第1　小学校教育の基本と教育課程の役割」の2に盛り込まれている（解説 p. 176）。

　　2　学校の教育活動を進めるに当たっては,各学校において,第3の1に示

す主体的・対話的で深い学びの実現に向けた授業改善を通して，創意工夫を生かした特色ある教育活動を展開する中で（中略）児童に生きる力を育むことを目指すものとする。　　　　　　　　　（総則第1の2。下線引用者）

　ここでいう「第3　教育課程の実施と学習評価」の1には，「主体的・対話的で深い学びの実現に向けた授業改善　各教科等の指導に当たっては，次の事項に配慮するものとする」というリード文に続いて，「特に，各教科等において身に付けた知識及び技能を活用したり，思考力，判断力，表現力等や学びに向かう力，人間性等を発揮させたりして，学習の対象となる物事を捉え思考することにより，各教科等の特質に応じた物事を捉える視点や考え方（以下「見方・考え方」という。）が鍛えられていくことに留意し，児童が各教科等の特質に応じた見方・考え方を働かせながら，知識を相互に関連付けてより深く理解したり，情報を精査して考えを形成したり，問題を見いだして解決策を考えたり，思いや考えを基に創造したりすることに向かう過程を重視した学習の充実を図ること」と明記されている。

　上記の「各教科等」を「国語科」に置き換えると，「国語科において身に付けた知識及び技能を活用したり，思考力，判断力，表現力等や学びに向かう力，人間性等を発揮させたりして，学習の対象となる物事を捉え思考することにより，国語科の特質に応じた物事を捉える視点や考え方（以下「見方・考え方」という。）が鍛えられていくことに留意し，児童が国語科の特質に応じた見方・考え方を働かせながら，知識を相互に関連付けてより深く理解したり，情報を精査して考えを形成したり，問題を見いだして解決策を考えたり，思いや考えを基に創造したりすることに向かう過程を重視した学習の充実を図ること」となる。

　「国語科の特質に応じた見方・考え方を働かせ」とは，本書21ページに，国語科の目標として，詳しく解説してある。参照して理解を深めておくこと。

　なお，授業改善の具体的な方法や指導技術等については，第Ⅲ部「国語科指導の実際」で，実際の教材や授業場面を想定して詳しく述べる。

　また，指導計画作成上の配慮事項に各領域等の配当時間が示されていることにも着目したい。「A話すこと・聞くこと」に関する指導については，第1学年及び第2学年で年間35単位時間程度，第3学年及び第4学年で年間30単位時間程度，第5学年及び第6学年で年間25単位時間程度が配当されている。話した

り聞いたりする活動は日常あらゆる時・場で行われているが，その資質・能力を意図的，計画的に指導するための時間の確保である。(4)同様に「B書くこと」についても，第1学年及び第2学年で年間100単位時間程度，第3学年及び第4学年で年間85単位時間程度，第5学年及び第6学年で年間55単位時間程度が配当されている。

表2-11は学校教育法施行規則（抄）附則別表第一（第五十一条関係）である。

表2-11

区　　　分		第1学年	第2学年	第3学年	第4学年	第5学年	第6学年
各教科の授業時数	国　　語	306	315	245	245	175	175
	社　　会			70	90	100	105
	算　　数	136	175	175	175	175	175
	理　　科			90	105	105	105
	生　　活	102	105				
	音　　楽	68	70	60	60	50	50
	図画工作	68	70	60	60	50	50
	家　　庭					60	55
	体　　育	102	105	105	105	90	90
	外 国 語					70	70
特別の教科である道徳の授業時数		34	35	35	35	35	35
外国語活動の授業時数				35	35		
総合的な学習の時間の授業時数				70	70	70	70
特別活動の授業時数		34	35	35	35	35	35
総　授　業　時　数		850	910	980	1015	1015	1015

備考
一　この表の授業時数の一単位時間は，四十五分とする。
二　特別活動の授業時数は，小学校学習指導要領で定める学級活動（学校給食に係るものを除く。）に充てるものとする。
三　第五十条第二項の場合において，特別の教科である道徳のほかに宗教を加えるときは，宗教の授業時数をもつてこの表の特別の教科である道徳の授業時数の一部に代えることができる。（別表第二及び別表第四の場合においても同様とする。）

②内容の取扱いについての配慮事項

(1)〔知識及び技能〕に示す事項の取扱い

(2) 情報機器の活用に関する事項

(3) 学校図書館などの活用に関する事項

(1)はアからカの6項目に細分化され、それぞれ配慮点が明記された。

ア　日常の言語活動場面の充実

イ　辞書や事典の活用の習慣化

ウ　ローマ字指導の配慮点

エ　漢字指導について

オ　古典に親しむことへの配慮

カ　書写指導

書写指導は、全学年で行う硬筆（鉛筆）書写、第3学年以上で行う毛筆書写について、配当時間等も示されている。今までの学習指導要領では、書写については独立した項目で示されていたが、〔知識及び技能〕の中の「我が国の言語文化に関する事項」に含まれた形での提示となっている。

(2)は、コンピュータやインターネットの普及に伴い、児童が積極的にそれらに接し、日常の学習活動で活用する機会を設けることで、発達段階に応じた技能の向上を目指している。ローマ字入力など、(1)との関連も大きい。

(3)は、読書指導であり、「C読むこと」との関連も大きい項目である。学校図書館の利用の仕方を指導し、児童が自ら自分の目的のために必要な本を選ぶことができるような指導の必要性を説いている。

③教材についての配慮事項

(1) 教材の選定に関する配慮事項

(2) 教材を取り上げる観点に関する配慮事項

(3) 取り上げる文章の種類等に関する配慮事項

児童が使用する主たる教材は、いわゆる教科書である。国（文部科学省）の検定を通過したものが、各自治体の教育委員会で採択され使用される。

学習指導要領には別表として、学年別漢字配当表がつけられている（表2-

12)。

　小学校の教師を目指すものには，各学年に配された1026字の完全習得は必須である。筆順・音訓読み・部首・画数・使い方等折に触れて確認すること。なお，第4学年までに全都道府県名の漢字が配当してある。いうまでもなく，社会科との関連を考慮してのことである。

表2-12　学年別漢字配当表

学年	配当漢字	字数
第一学年	一右雨円王音下火花貝学気九休玉金空月犬見五口校左三山子四糸字耳七車手十出女小上森人水正生青夕石赤千川先早草足村大男竹中虫町天田土二日入年白八百文木本名目立力林六	（80字）
第二学年	引羽雲園遠何科夏家歌画回会海絵外角楽活間丸岩顔汽記帰弓牛魚京強教近兄形計元言原戸古午後語工公広交光考行高黄合谷国黒今才細作算止市矢姉思紙寺自時室社弱首秋週春書少場色食心新親図数西声星晴切雪船線前組走多太体台地池知茶昼長鳥朝直通弟店点電刀冬当東答頭同道読内南肉馬売買麦半番父風分聞米歩母方北毎妹万明鳴毛門夜野友用曜来里理話	（160字）
第三学年	悪安暗医委意育員院飲運泳駅央横屋温化荷界開階寒感漢館岸起期客究急級宮球去橋業曲局銀区苦具君係軽血決研県庫湖向幸港号根祭皿仕死使始指歯詩次事持式実写者主守取酒受州拾終習集住重宿所暑助昭消商章勝乗植申身神真深進世整昔全相送想息速族他打対待代第題炭短談着注柱丁帳調追定庭笛鉄転都度投豆島湯登等動童農波配倍箱畑発反坂板皮悲美鼻筆氷表秒病品負部服福物平返勉放味命面問役薬由油有遊予羊洋葉陽様落流旅両緑礼列練路和	（200字）

学年	配当漢字	字数
第四学年	愛 案 以 衣 位 茨 印 英 栄 媛 塩 岡 億 加 果 貨 課 芽 賀 改 械 害 街 各 覚 潟 完 官 管 関 観 願 岐 希 季 旗 器 機 議 求 泣 給 挙 漁 共 協 鏡 競 極 熊 訓 軍 郡 群 径 景 芸 欠 結 建 健 験 固 功 好 香 候 康 佐 差 菜 最 埼 材 昨 札 刷 察 参 産 散 残 氏 司 試 児 治 滋 辞 鹿 失 借 種 周 祝 順 初 松 笑 唱 焼 照 城 縄 臣 信 井 成 省 清 静 席 積 折 節 説 浅 戦 選 然 争 倉 巣 束 側 続 卒 孫 帯 隊 達 単 置 仲 沖 兆 低 底 的 典 伝 徒 努 灯 働 特 徳 栃 奈 梨 熱 念 敗 梅 博 阪 飯 飛 費 必 票 標 不 夫 付 府 阜 富 副 兵 別 辺 変 便 包 法 望 牧 末 満 未 脈 民 無 約 勇 要 養 浴 利 陸 良 料 量 輪 類 令 冷 例 連 老 労 録	（202字）
第五学年	圧 囲 移 因 永 営 衛 易 益 液 演 応 往 桜 可 仮 価 河 過 快 解 格 確 額 刊 幹 慣 眼 紀 基 寄 規 喜 技 義 逆 久 旧 救 居 許 境 均 禁 句 群 経 潔 件 券 険 検 限 現 減 故 個 護 効 厚 耕 鉱 構 興 講 告 混 査 再 災 妻 採 際 在 財 罪 雑 酸 賛 支 志 枝 師 資 飼 示 似 識 質 舎 謝 授 修 述 術 準 序 招 承 証 条 状 常 情 織 職 制 性 政 勢 精 製 税 責 績 接 設 絶 祖 素 総 造 像 増 則 測 属 率 損 貸 態 団 断 築 貯 張 停 提 程 適 敵 統 銅 導 徳 独 任 燃 能 破 犯 判 版 比 肥 非 備 俵 評 貧 布 婦 富 武 復 複 仏 編 弁 保 墓 報 豊 防 貿 暴 脈 務 夢 迷 綿 輸 余 預 容 略 留 領 歴	（193字）
第六学年	胃 異 遺 域 宇 映 延 沿 恩 我 灰 拡 革 閣 割 株 干 巻 看 簡 危 机 揮 貴 疑 吸 供 胸 郷 勤 筋 系 敬 警 劇 激 穴 絹 権 憲 源 厳 己 呼 誤 后 孝 皇 紅 降 鋼 刻 穀 骨 困 砂 座 済 裁 策 冊 蚕 至 私 姿 視 詞 誌 磁 射 捨 尺 若 樹 収 宗 就 衆 従 縦 縮 熟 純 処 署 諸 除 将 傷 障 蒸 針 仁 垂 推 寸 盛 聖 誠 舌 宣 専 泉 洗 染 善 奏 窓 創 装 層 操 蔵 臓 存 尊 宅 担 探 誕 段 暖 値 宙 忠 著 庁 頂 潮 賃 痛 展 討 党 糖 届 難 乳 認 納 脳 派 拝 背 肺 俳 班 晩 否 批 秘 腹 奮 並 陛 閉 片 補 暮 宝 訪 亡 忘 棒 枚 幕 密 盟 模 訳 郵 優 幼 欲 翌 乱 卵 覧 裏 律 臨 朗 論	（191字）

課　題

2017年3月告示の「学習指導要領第2章第1節国語」を読んでまとめよう。

1. 2008年版の学習指導要領の国語科の目標と比べ，その違いを箇条書きにしてまとめ改訂の趣旨をつかもう。
2. 今回の改訂で，「第2　各学年の目標及び内容」，「2　内容の構成」が変わった。新旧の学習指導要領を比較し，その違いをまとめよう。
3. 学習指導要領のキーワードでもある「言葉による見方・考え方」とはどのようなことなのか，具体例を挙げてまとめよう。
4. 各学年の目標及び内容を読み，要点を抜き出し，発達の段階を考察しよう。

参考文献

植松雅美編著『教科指導法シリーズ　小学校指導法　国語』玉川大学出版部，2011年

木原俊行『活用型学力を育てる授業づくり』ミネルヴァ書房，2011年

高木展郎編『各教科等における言語活動の充実——その方策と実践事例 (教職研修総合特集「新学習指導要領」実践の手引き6)』教育開発研究所，2008年

鳥飼玖美子・苅谷夏子・苅谷剛彦『ことばの教育を問いなおす——国語・英語の現在と未来』ちくま新書，2019年

独立行政法人教職員支援機構編著『主体的・対話的で深い学びを拓く——アクティブ・ラーニングの視点から授業を改善し授業力を高める』学事出版，2018年

日本国語教育学会「月刊国語教育研究（高度情報化時代の国語科授業づくり）」No.566，2019年

日本国語教育学会「月刊国語教育研究（カリキュラム・マネジメント）」No.575，2020年

日本国語教育学会「月刊国語教育研究（対話的な学びを育てる「話すこと・聞くこと」の指導）」No.577，2020年

文部科学省『小学校学習指導要領（平成29年告示）解説　国語編』東洋館出版社，2018年

Ⅱ　国語科教育の内容

　　国語教育の内容を論じるにあたって，学習指導要領のトップに〔知識
及び技能〕が位置付けられたところに着目したい。前回の学習指導要領
では，〔知識及び技能〕にあたる項目は，〔伝統的な文化と国語の特質に
関する事項〕としてA話すこと・聞くこと，B書くこと，C読むことといっ
た内容項目の最後に配されていた。今回の改訂によって国語科の果たす
べき「言語の教育」としての位置付けがより一層明確に示されたと解釈
できる。

知識及び技能

　国語科教育の内容を論じるにあたって，学習指導要領のトップに〔知識及び技能〕が位置付けられたところに意味がある。実は，前回の学習指導要領では，今回の〔知識及び技能〕にあたる項目は，〔伝統的な言語文化と国語の特質に関する事項〕として，Ａ話すこと・聞くこと，Ｂ書くこと，Ｃ読むことといった内容項目の最後に記載されていた。改訂の理由としては，Ａ・Ｂ・Ｃどの領域においても，必要な基礎的基本的な知識であり技能であることから，最後にまとめられたものという解釈もできる。

キーワード　言葉の特徴や使い方　情報の扱い方　我が国の言語文化　言葉の働き
　　　　　　　語彙　文・文章　書写　読書

第１節　知識・技能の確実な習得

　最近になって様々な学力調査や，調査研究が行われる中で，言葉の基礎的基本的な理解や技能，特に，主語・述語の関係，文の構成等に課題があるということが明らかになってきた。下の調査問題は，2015（平成27）年に国立情報学研究所が行った公立中学校の生徒を対象にしたものの一例である。
　実際に（　　）に当てはまるものを下のABCDから選んでみてほしい。

第１問
オーストリア，次いでチェコスロバキアを併合したドイツは，それまで対立していたソ連と独ソ不可侵条約を結んだうえで，1939年9月，ポーランドに侵攻した。ポーランドに侵攻したのは，（　　）である。

Aオーストリア　　Bチェコスロバキア　　Cドイツ　　Dソ連

第2問

仏教は東南アジア，東アジアに，キリスト教はヨーロッパ，南北アメリカ，オセアニアに，イスラム教は北アフリカ，西アジア，中央アジア，東南アジアに主に広がっている。オセアニアに広がっているのは（　　）である。

Aヒンドゥー教　　Bキリスト教　　Cイスラム教　　D仏教

　第1問の問題文の主語は「ドイツは」，述語は「侵攻した」である。問いは，主語を「侵攻したのは」と逆転させ，述語「どこか」と尋ねたものである。第2問は，問題文の主語が「仏教は」「キリスト教は」「イスラム教は」と三つ，述語は「広がっている」。問いは，その中で，オセアニアに広がっているのは，と聞いているのであって，たとえ社会科の知識が全くなくても，文脈から容易に理解できるものである。

　ところが，第1問の正答率は75％，第2問に至っては何と53％，半数近くの生徒が不正解だったという報告である。ちなみに問題文は中学校社会科で使用する資料集の中の記述である。不正解だった生徒は，何が問題だったのか，考えてみてほしい。社会科の知識不足ではないのは明らかである。書かれている記述を正確に読めない，理解できない国語力の問題である。国語力が身に付いていないということは，他教科等の習得にも大きく影響することが端的に分かる事例といってよかろう。こうした実態を十分理解して，本章の学びを深め，児童に〔知識及び技能〕の確実な習得，定着を促す指導法を追究してほしい。

第2節　言葉の特徴や使い方に関する事項

　言葉の特徴や使い方に関する事項は，本書26〜28ページの一覧表で示した。本節では，その各項目について，詳しく解説していきたい。

　まず，言語が共通にもつ言葉の働きに関する項目である。

表3-1

	第1学年及び第2学年	第3学年及び第4学年	第5学年及び第6学年
言葉の働き	ア　言葉には，事物の内容を表す働きや，経験したことを伝える働きがあることに気付くこと。	ア　言葉には，考えたことや思ったことを表す働きがあることに気付くこと。	ア　言葉には，相手とのつながりをつくる働きがあることに気付くこと。

　上の表のように，低学年では，「事物の内容・経験したこと」，中学年では，「考えたことや思ったこと」，高学年では，「相手とのつながり」と示され，発達段階に応じて具体物や実体験から，抽象度の高いもの，相手との関係性を創るものへと発展させている。自分が使っている日常言語が，どのような働きをもっているのか自覚的に見直すことで一層，言葉による見方・考え方を働かせる（国語科目標）ことが可能になる。今回の改訂では，新たに第5学年及び第6学年に相手とのつながり，コミュニケーション能力との関連を示したところに特徴がある。このことは，外国語科の「言語の働きに関する事項」との関わりを意識して指導することが求められている。

　次に話し言葉と書き言葉に関する事項である。

表3-2

	第1学年及び第2学年	第3学年及び第4学年	第5学年及び第6学年
話し言葉と書き言葉	イ　音節と文字との関係，アクセントによる語の意味の違いなどに気付くとともに，姿勢や口形，発声や発音に注意して話すこと。 ウ　長音，拗音，促音，撥音などの表記，助詞の「は」，「へ」及び「を」の使い方，句読点の打ち方，かぎ（「　」）の使い方を理解して文や文章の中で使うこと。また，平仮名及び片仮名を読み，	イ　相手を見て話したり聞いたりするとともに，言葉の抑揚や強弱，間の取り方などに注意して話すこと。 ウ　漢字と仮名を用いた表記，送り仮名の付け方，改行の仕方を理解して文や文章の中で使うとともに，句読点を適切に打つこと。また，第3学年においては，日常使われている簡単な単語について，	イ　話し言葉と書き言葉との違いに気付くこと。 ウ　文や文章の中で漢字と仮名を適切に使い分けるとともに，送り仮名や仮名遣いに注意して正しく書くこと。

書くとともに，片仮名で書く語の種類を知り，文や文章の中で使うこと。	ローマ字で表記されたものを読み，ローマ字で書くこと。	

　低学年の「音節と文字との関係」であるが，低学年指導の場合は，音節というよりモーラで指導する場合が多い。

　例えば，長音（おかあさん・おにいさんのように子音の後の母音を長く伸ばす音）は，文字数と音数が一致している。同様に促音（ラッパ・ストップ・しまったなどの「っ」や「ッ」のつく言葉）も，音数を文字数と同数とする。拗音（ちゃわん・でんしゃ）は文字数は四つだが，ちゃ・しゃを1音として数えるといったルールである。低学年では，耳から聞こえた音を基準に文字化する傾向が強い。促音の「ッ」「っ」が抜ける状況がまま見られるのはそのためである。文字と音の関係を言語活動を通して確実に身に付けさせる時期にある。「は」「へ」「を」の使い方や，平仮名と片仮名の使い分け等についても，低学年で理解し，使えるように指導しておきたい。具体的な指導法は第Ⅲ部で紹介する。

　低学年と中学年のイ，話すときの「アクセント・姿勢・口形・発声・発音」「視線・抑揚・強弱・間」の指導も重要な指導事項である。教師が最大の言語モデルであることを意識して，日ごろから指導者自身の技能を高め磨いておくことが必要といえる。文字については，第3学年のローマ字表記，高学年の送り仮名等について，正確な知識を指導者としても習得しておくことが求められる。

　エの項目は，漢字に関するものである。学年別漢字配当表は，本書43〜44ページに載せてある。各学年では，当該学年の配当漢字をしっかり指導し，それらを読めるように繰り返し指導することが大切である。文や文章の中で使うのは，当該学年の前の学年までの配当漢字が対象となる。例えば「漢」は，第3学年に配当されている漢字で，第3学年の教科書等で学ぶが，その学年では読めるようにすること，「漢」と書いたり，文や文章の中で使ったりするようになるのは，4年生でよいのでゆっくり少しずつ確実に使いこなせる力を付けなさい……これが，「漸次書き，文や文章の中で使うこと」の意味するところである。機械的な反復練習で形だけ記憶するのではなく，スモールステップでもよいので，文字として使いこなす技能を求めていることが分かる。

表3-3

	第1学年及び第2学年	第3学年及び第4学年	第5学年及び第6学年
語彙	オ　身近なことを表す語句の量を増し，話や文章の中で使うとともに，言葉には意味による語句のまとまりがあることに気付き，語彙を豊かにすること。	オ　様子や行動，気持ちや性格を表す語句の量を増し，話や文章の中で使うとともに，言葉には性質や役割による語句のまとまりがあることを理解し，語彙を豊かにすること。	オ　思考に関わる語句の量を増し，話や文章の中で使うとともに，語句と語句との関係，語句の構成や変化について理解し，語彙を豊かにすること。また，語感や言葉の使い方に対する感覚を意識して，語や語句を使うこと。

　オは，語彙に関する事項である。

　すべての学年で共通なこととして，語句の量を増すことや，語彙を豊かにすることが求められている。中央教育審議会答申においても「小学校低学年の学力差の大きな背景に語彙の量と質の違いがある」と指摘されている。様々な工夫や仕掛け，環境整備によって語彙を豊かに獲得させたい。特に，低学年では身近なことを表す語句，中学年では，様子や行動，気持ちや性格を表す語句，高学年では，思考に関わる語句の量に重点を置いて指導するよう求めている。また，後半では，語句のまとまりや関係，構成や変化などにも言及している。これらも発達段階に応じた内容になっていることに留意し，個に応じた指導を充実させたい。

　カは，文，話，文章の構成に関する事項である。

表3-4

	第1学年及び第2学年	第3学年及び第4学年	第5学年及び第6学年
文や文章	カ　文の中における主語と述語との関係に気付くこと。	カ　主語と述語との関係，修飾と被修飾との関係，指示する語句と接続する語句の役割，段落の役割について理解すること。	カ　文の中での語句の係り方や語順，文と文との接続の関係，話や文章の構成や展開，話や文章の種類とその特徴について理解すること。

　着目したいのは，主語と述語，修飾と被修飾，指示語，接続語，段落の役割，

語句のかかり方や語順，文と文との接続関係，構成や展開，話や文章の種類や特徴といった，話や文章を理解するための知識・技能がここに集約されていることである。前掲の国立情報学研究所の調査研究結果も，ここに課題があることを示唆している。主語・述語という関係については，第1学年及び第2学年から指導事項として取り上げられている，いわば基礎・基本である。だからこそ，繰り返し確実に定着させることが求められている。

キは，言葉遣いに関する事項である（本書27ページ参照）。

低学年の「丁寧な言葉と普通の言葉との違い」は，この時期から，相手意識や場意識をもたせることをねらっている。先生や，地域の方に対する言葉と，友達や家族に対する言葉とでは違いがあることに気づかせる指導について述べられている。ここでいう敬体とは「〜です・〜ます等」，常体とは「〜である・〜だ等」を指す。中学年では，相手や場だけではなく，目的意識や方法意識など，文体や作品ジャンル等によっても判断するような指導が求められている。敬語（丁寧語・尊敬語・謙譲語等）については，高学年で扱うよう求めている。

クは，高学年のみに示された項目である（本書28ページ参照）。

中学年までに出会った様々な作品の表現のよさを基盤として，第5学年及び第6学年でその工夫をまとめ，中学校第1学年につなげる役割を示している。具体的には，比喩（擬人）・反復・倒置・体言止め・リズムなどが挙げられる。高学年では簡単な古典，俳句や短歌などにも触れ，言葉の使い方や技法を学ばせたい。

低学年・中学年のクと高学年のケは，音読・朗読に関する事項である。低学年では，語のまとまり，中学年では文章全体，高学年では朗読も視野に入れた指導が求められている。こうした項目は，これまでの学習指導要領では，C領域「読むこと」の指導事項に入れられていたが，すべての領域で声に出して読んだり（音読），読み取ったことを自分なりに解釈して読んだり（朗読）することが重要であるということから，〔知識及び技能〕に入れて示された。これは，これまでA領域「話すこと」に示されていた発音・発声についての指導事項やB領域にあった常体・敬体の指導事項が，イやキにまとめて位置付けられたのと同様である。

第3節　情報の扱い方に関する事項

　今回の改訂で，新たに設けられた項目である。「情報化社会」という言葉を
提唱したのは，林雄二郎といわれ，その著書『情報化社会』は，1969（昭和
44）年に発行されている。日本初の情報社会論としては，1985（昭和60）年
に増田米二の著わした『情報社会—機会開発者の時代へ』がある。情報メディ
アの発達が経済分野を超え，社会・文化全般にわたる価値変容を促すこと，そ
の中で個人がいかにして主体的な価値創造を行い得るかという問題に早くも注
目しているところに初期研究者の慧眼を見て取ることができる。先駆的時代か
ら40年を経て，まさに，いま「情報化」の進展はとどまることを知らない状
況にある。

　子供たちは，生まれたときから溢れんばかりの情報の中で生活している。日々
刻々と価値変容が進む中で，どのようにして主体的な価値創造を実現できるか，
その資質・能力をいかに育むかは，大きな教育の課題である。

　国語科には，話や文章に含まれている様々な情報の中から自分の目的に応じ
て必要な情報を取り出す力，雑多な情報を読み解き，それら相互の関係を整理
する力，自分の取得した情報を自分なりに解釈し，形成した自分の思いや考え
を的確に表現する力等を育成することが求められている。国語科におけるすべ
ての領域にまたがる資質・能力として，この情報の扱い方に関する事項が〔知
識及び技能〕に位置付けられたことに，時代が求める喫緊の課題が浮かんでくる。

　小学校教育を担う教員を目指すものとしては，こうした時代の要請を的確に
理解し，20年後の社会を形成・創造する子供たちの育成に臨まなければならな
い。この事項は，ア「情報と情報との関係」とイ「情報の整理」の二つの内
容で示されている。

表3-5

	第1学年及び第2学年	第3学年及び第4学年	第5学年及び第6学年
情報と情報との関係	ア　共通，相違，事柄の順序など情報と情報との関係について理解すること。	ア　考えとそれを支える理由や事例，全体と中心など情報と情報との関係について理解すること。	ア　原因と結果など情報と情報との関係について理解すること。

　キーワードとして，低学年〈共通，相違，事柄の順序〉，中学年〈理由や事例，全体と中心〉，高学年〈原因，結果〉が挙げられている。これらは，前の学習指導要領では，A領域・B領域・C領域で示されていた内容であり，今回の改訂では，思考力・判断力・表現力等の指導事項と重なるものである。こうした指導内容が〔知識及び技能〕で情報の扱い方にまとめられ，基礎・基本として位置付けられたところにも，今回の改訂趣旨が表れているといえる。

イ　情報の整理に関する内容は，中学年から示されている。

表3-6

	第1学年及び第2学年	第3学年及び第4学年	第5学年及び第6学年
情報の整理		イ　比較や分類の仕方，必要な語句などの書き留め方，引用の仕方や出典の示し方，辞書や事典の使い方を理解し使うこと。	イ　情報と情報との関係付けの仕方，図などによる語句と語句との関係の表し方を理解し使うこと。

　中学年では，〈比較や分類の仕方〉，高学年では〈関係付けの仕方〉とあり，例えば思考ツールなどを活用した手法に出合わせたり，実際に活用させたりすることも考えたい内容となっている。また，「必要な語句などの書き留め方」とは，メモの取り方に通じるもので，どの教科においても必要な技能の一つである。さらに，「引用の仕方や出典の示し方」の指導は，知的財産の保護や，著作権意識の醸成にも通じるものである。自分の考えなのか，誰かの考えを引いたものなのか，事実と意見の違いを明確にする指導にも通じる内容である。「辞書や事典の使い方」も中学年で重点的に指導する。読書指導や図書館活用指導とも関連する内容である。指導者には，一つ一つの指導内容をバラバラに捉えるのではなく，様々に関連させて効果的な授業をデザインする力が求められているといえよう。

第4節　我が国の言語文化に関する事項

　ここでいう我が国の言語文化とは，何か。「解説」では，以下のように述べている。

・我が国の歴史の中で創造され，継承されてきた<u>文化的に価値をもつ言語そのもの</u>，つまり<u>文化としての言語</u>
・実際の生活で使用することによって形成されてきた<u>文化的な言語生活</u>
・古代から現代までの各時代にわたって，表現し，受容されてきた多様な<u>言語芸術や芸能</u>

　　　　　　　　　　　　　　　　　　　　　（解説 p. 25 より。下線引用者）

　ここでいう「文化」とは何か。<u>文化</u>についてはよって立つ視点により多くの定義が考えられている。一般的には，次の解釈が順当であろう。

　　人間の生活様式の全体。人類がみずからの手で築き上げてきた有形・無形の成果の総体。それぞれの民族・地域・社会に固有の文化があり，学習によって伝習されるとともに，相互の交流によって発展してきた。

　　　　　　　　　　　　　　　　　（ブリタニカ国際大百科事典　小項目事典）

　今回の改訂では，以下の四つの事項に分けて示されている。
(1) 伝統的な言語文化に親しむことに関する事項
(2) 言葉の由来や変化に関する事項
(3) 書写に関する事項
(4) 読書の意義や効用などに関する事項

(1) 伝統的な言語文化

表3-7　伝統的な言語文化

	第1学年及び第2学年	第3学年及び第4学年	第5学年及び第6学年
伝統的な言語文化	ア　昔話や神話・伝承などの読み聞かせを聞くなどして，我が国の伝統的な言語文化に親しむこと。 イ　長く親しまれている言葉遊びを通して，言葉の豊かさに気付くこと。	ア　易しい文語調の短歌や俳句を音読したり賠唱したりするなどして，言葉の響きやリズムに親しむこと。 イ　長い間使われてきたことわざや慣用句，故事成語などの意味を知り，使うこと。	ア　親しみやすい古文や漢文，近代以降の文語調の文章を音読するなどして，言葉の響きやリズムに親しむこと。 イ　古典について解説した文章を読んだり作品の内容の大体を知ったりすることを通して，昔の人のものの見方や感じ方を知ること。

　アの系列は，音読するなどして言葉のリズムや響きに親しむことを示している。学習の対象として，低学年では昔話や神話・伝承を，中学年では文語調の短歌や俳句，高学年では，古文，漢文，近代以降の文語調の文章が示されている。作品の内容を理解しているのはもちろんだが，音読・朗読・暗唱といった活動をしてみると理解や認識が確かなものになる。

　イは，低学年は言葉遊び等で言葉のもつ豊かさに気づくこと，中学年は，ことわざや慣用句，故事成語など長い間人々の生活の中で使われてきた言葉を知り，実際に使うこと，高学年では，作品に表れているその時代の人の物の見方や考え方に触れることを促している。

①ことわざ

　昔から生活の中で言い伝えられてきた教訓や戒め，時に風刺的な内容をもつ短い句をいう。例：善は急げ，急がば回れ，暖簾に腕押しなど。

②慣用句（イディオム）

　昔から長い間，習慣的に用いられてきた言い回し。2語以上の単語を結び付けて，それぞれのもつ意味とは全く異なる意味をもたせる特徴がある。例：開いた口が塞がらない，腕が鳴る，棚に上げるなど。

③故事成語

　遠い過去から今に伝わる由緒ある出来事，特に中国の古典に残されている逸話を故事といい，その逸話を用いて教訓や人生・生活の指針などに役立つ言葉としてつくられたもの。例：推敲，矛盾，羊頭狗肉，臥薪嘗胆など。

（2）言葉の由来や変化に関する事項

　第3学年及び第4学年では，漢字の構成について，第5学年及び第6学年には言葉の変化や由来について理解することが示されている。

　漢字の構成については，部首に関する理解が必要である。漢字はその成り立ちから，象形・指事・形声・会意の四つに分類される。小学校で学ぶ程度の基本的な知識は確実に自分のものにしておくことが必要である。

　言葉は，時代や場所によって変化していることも日本語の柔軟性・多様性として興味関心をもたせたい。共通語の存在意義や方言の味わいについても，適切な教材を工夫して楽しく指導したいものである。仮名の由来は，書写指導や社会科等との関連も考慮しながら効果的に指導したい。

　なお，具体的な指導法については第Ⅲ部に述べる。

（3）書写に関する事項

　この事項に示された内容を理解し，日常生活の中で使うことで生きて働く書写の能力を身に付けさせたい。コンピュータなどデジタル機器の普及で，手書きの機会が著しく減少している。しかし，小学校の授業においては，ノート整理や，メモ，作品作りなどほとんど手書きでの活動となる。正しく整った文字が書ける能力育成は重要である。

　入門期（小学校入学してからの1学期間）は，文字を書くことの基礎，「姿勢」や「筆記具の持ち方」「点画や文字の書き方」「筆順」から学ぶ。学年が上がるにしたがって「文字の組立て方」「配列」「筆圧」「速度」等，内容を加えていく。高学年では，目的に応じて筆記具を選び，その特徴を生かして書くなど，より一層充実した指導が求められる。毛筆は，第3学年から使用し，高学年では穂先の動きも意識して，我が国に伝わる文化の継承を担えるように指導する。

　なお，書写指導については，学習指導要領国語の「第3　指導計画の作成と内容の取扱い」の2(1)カ（ア）（イ）（ウ）（エ）に詳しい。それらを踏まえて指導すること。

表3-8　片仮名と平仮名の成り立ち

ア 阿	イ 伊	ウ 宇	エ 江	オ 於
カ 加	キ 機	ク 久	ケ 介	コ 己
サ 散	シ 之	ス 須	セ 世	ソ 曽
タ 多	チ 千	ツ 川	テ 天	ト 止
ナ 奈	ニ 仁	ヌ 奴	ネ 祢	ノ 乃
ハ 八	ヒ 比	フ 不	ヘ 部	ホ 保
マ 末	ミ 三	ム 牟	メ 女	モ 毛
ヤ 也		ユ 由		ヨ 與
ラ 良	リ 利	ル 流	レ 礼	ロ 呂
ワ 和	ヰ 井		ヱ 恵	ヲ 乎
ン 尓				

安 あ	加 か	左 さ	太 た	奈 な	波 は	末 ま	也 や	良 ら	和 わ	无 ん
以 い	幾 き	之 し	知 ち	仁 に	比 ひ	美 み		利 り	為 ゐ	
宇 う	久 く	寸 す	川 つ	奴 ぬ	不 ふ	武 む	由 ゆ	留 る		
衣 え	計 け	世 せ	天 て	祢 ね	部 へ	女 め		礼 れ	恵 ゑ	
於 お	己 こ	曽 そ	止 と	乃 の	保 ほ	毛 も	与 よ	呂 ろ	遠 を	

カ　書写の指導については，第2の内容に定めるほか，次のとおり取り扱うこと。

(ア)　文字を正しく整えて書くことができるようにするとともに，書写の能力を学習や生活に役立てる態度を育てるよう配慮すること。

(イ)　硬筆を使用する書写の指導は各学年で行うこと。

(ウ)　毛筆を使用する書写の指導は第3学年以上の各学年で行い，各学年年間30単位時間程度を配当するとともに，毛筆を使用する書写の指導は硬筆による書写の能力の基礎を養うよう指導すること。

(エ)　第1学年及び第2学年の(3)のウの(イ)の指導については，適切に運筆する能力の向上につながるよう，指導を工夫すること。

　文字を正確に，整えて書く能力は，小学校の教師にとって必須条件の一つである。板書（黒板やホワイトボードに文字を書いて示すこと）や，児童の作品等の評語はほとんど手書きである。日ごろから，意識して自分の文字を整えたい。また，平仮名や片仮名は，小学校入学時に出合った教師の文字に大きく影響される。特に筆順は，一度誤った認識で覚えるとなかなか修正がきかない。分かったつもりにならないで，いま一度確認しておくことが大切である。

誤りやすい平仮名を確認
しておこう。

| な | ふ | よ | も | や |

表3-9　平仮名五十音表（筆順つき）

ん	わ	ら	や	ま	は	な	た	さ	か	あ
（い）	り	（い）	み	ひ	に	ち	し	き	い
（う）	る	ゆ	む	ふ	ぬ	つ	す	く	う
（え）	れ	（え）	め	へ	ね	て	せ	け	え
を	ろ	よ	も	ほ	の	と	そ	こ	お

表3-10　片仮名五十音表（筆順つき）

ン	ワ	ラ	ヤ	マ	ハ	ナ	タ	サ	カ	ア
（イ）	リ	（イ）	ミ	ヒ	ニ	チ	シ	キ	イ
（ウ）	ル	ユ	ム	フ	ヌ	ツ	ス	ク	ウ
（エ）	レ	（エ）	メ	ヘ	ネ	テ	セ	ケ	エ
ヲ	ロ	ヨ	モ	ホ	ノ	ト	ソ	コ	オ

第5節　読書に関する事項

1. 読書に関する指導内容

　読書に関する指導内容は，旧版では，C領域の「読むこと」に含めて示されていたが，今回の改訂では，〔知識及び技能〕に1事項として取り上げられ，単に「読むこと」に限らず，広く国語科の全領域に関連させたところに特徴がある。新旧比較でみてみよう。

表3-11　2017（平成29）年版

	第1学年及び第2学年	第3学年及び第4学年	第5学年及び第6学年
読書	読書に親しみ，いろいろな本があることを知ること。	幅広く読書に親しみ，読書が，必要な知識や情報を得ることに役立つことに気付くこと。	日常的に読書に親しみ，読書が，自分の考えを広げることに役立つことに気付くこと。

表3-12　2008（平成20）年版

	第1学年及び第2学年	第3学年及び第4学年	第5学年及び第6学年
C読書	楽しんだり知識を得たりするために，本や文章を選んで読むこと。	目的に応じて，いろいろな本や文章を選んで読むこと。	目的に応じて，複数の本や文章などを選んで比べて読むこと。

　比較してみると，2017（平成29）年版では，読書の日常化を促し，読書の意義や効用に気づくことが強調されていることが分かる。解説にも，そのことが示されている。

　　　読書は，国語科で育成を目指す資質・能力をより高める重要な活動の一つである。自ら進んで読書をし，読書を通して人生を豊かにしようとする態度を養うために，国語科の学習が読書活動に結び付くよう発達の段階に応じて系統的に指導すること　　　　　　　　　　　　　　　　　（解説p. 26）

　また，本の種類については，物語，昔話，絵本，科学的な読み物，図鑑といっ

た低学年向けのものから，新聞，科学情報誌，随筆，書評，レポートや歴史書といった高学年向けのものまで幅広く扱い，知識や情報を得るための手段としての読書についても触れているところに注目したい。こうした活動を保証するためには，読書環境の充実や，適切な時間の確保，図書館利用方法の習得などが必要である。各学校では，年間の学校図書館経営計画や読書指導計画をつくり，学校長が「図書館長」となって学校図書館の機能を充実促進させている。単に，本を読む「読書活動」だけでなく，必要な情報を得るための「学習センター」や「情報センター」等の機能も併せ持った学校図書館の活用についても，十分な理解が必要である。

2. 読書指導の意義や効用

　読書指導では，上述した読書環境から，児童の心身の発達に適応させた読書力を向上させるため，言語文化の創出を図ることになる。このために，以下のような能力の達成や育成が求められる。これらを総合的に見れば，教養を身に付ける教育という概念の中で読書指導を捉えることもできる。つまり，読書指導は，児童の知性を発達段階に応じて育み，生涯学習社会に生きる基盤形成を図ることになるからである。このことから，学校教育だけでなく社会教育と相互に関連する中で形成されることも留意したい。

表3-13

① 読書指導による能力の達成—理解する力・読解する力—	
読書活動を通し培われる能力	将来，期待できる知性の育成
①心象を感じ取り，対象に働きかける力	感性・ものの見方や考え方・コモンセンス
②物事を想像する力	想像性・暗示性・象徴性・創造意欲と持続・創意工夫
③主題を把握する力	課題把握・主題把握や主題設定・発想や着想・構想
④物事を分析する力	読み取り・分析・構造化・統計化・系統化・体系化
⑤物事を比較する力	比較と統合・総合化・新しい文化の創造
⑥情報を収集し，処理する力	情報収集・読解・統計などの処理・検索・適応性や応用性・管理

② 読書指導による能力の達成—表現する力—	
①論理を構築する力	論理の構築・論理的な思考と柔軟性・計画性や企画性
②物事を表現し，伝え合う力	心象と表現性・多様な表現・描写・表現技能・表現効果
③発言，発表し，伝え合う力・プレゼンテーションの力	発言，発表の論理や内容・発表形態・発表会や鑑賞会などの企画
③ 読書指導による能力の達成—知識力と教養・知性—	
①国語を身に付ける力	語感・言語の拡充や意味・語彙・文法・文章・書写
②総合的に表現する力	演出・総合芸術・編集・雑誌や冊子の発行・情報発信や報道・鑑賞
③教養の体験と習得する力	自らの生涯学習への基盤形成・読書計画の作成・読書と趣味の形成
④価値観の体験と習得する力	人生観・自然観・歴史や文化観・社会観・世界観・教育観
⑤豊かな感性の体験と習得する力	鑑賞・知識に裏付けされた感性，すなわち知性・表現
⑥地域伝統文化を継承し，発展させる力	調査研究・教材の開発・体験的な継承・継承者

3. 国語科教育と読書指導

　国語科教育では，学校教育で習得するすべての教科の基礎は国語力にあると捉えて取り組むべきである。

　読書指導の意義は，言語環境並びに言語文化を相互に関連させながら，国語科教育のねらいを達成するところにある。

　国語科での読書指導は，文字言語による「読むこと」や感想文を「書くこと」のみを意味するものではない。児童自らが進んで読書する姿勢を育む必要がある。また読書活動への好奇心や態度，活動も重視されなければならない。読み聞かせやストーリーテリングなど音声言語による「話すこと・聞くこと」も重要な読書活動といえる。

　こうした読書指導を円滑に推進していくには，読書環境が重要になる。読書環境は，学校教育における活性化された環境として位置付けたい。学校図書館を中心とした図書館活動，読書活動に不可欠な資料の整備や運営などの充実が挙げられる。児童は，この読書環境に主体的に働きかけることによって，子供が自らの言語文化を創り出すようにする。

　読書環境と児童の創り出す言語文化の関連については，下の表3-14に示した。学校全体で子供たちの読書習慣の確立を図ることが重要である。

表3-14

	国語科教育の一環としての読書指導		
	言語環境としての読書環境		児童の主体的な言語文化
楽しむ・調べる・深めあう	①児童の心身の発達に伴う感性や心象の内的な世界を知る。		①読書活動への好奇心・意欲の重視⇒読書への興味関心・読書についての知識・感性に訴える読書方法
	低学年	中学年	高学年
	読書活動の直接的な体験	読書活動の方法を学ぶ	読書活動による課題追究
	②読書活動のもととなる教材設定と読書指導の年間指導計画の作成		②読書活動の連続性と発展性⇒体験活動や調べ学習・他の教科等の学びと密接に関連する読書活動
	③教科書教材と発展教材や他教科・領域との関連などによる教材の整備		③読書活動のまとめや表現の重視⇒映像活用や紙芝居などのまとめ方の創意工夫や鑑賞会，発表会の企画・情報発信をする読書活動
	④読書活動を進めるための図書室や図書館・電子情報機器の整備		
	⑤地域教育人材や図書館・博物館・文学館・歴史資料館などの地域文化施設とのネットワークづくり・郷土の伝統文化などの資料収集・"郷土学"の推進と読書活動		④読書活動で得た学びを生活に生かす応用力の重視⇒新しい学びや生活への適応・新たな課題把握と読書活動・家庭学習など自主的な学びへの応用・作品鑑賞や評価

4. 読書指導関連用語解説

図書館司書（国家資格）

　図書館法第4条に示された図書館の専門的事務に従事する。学校や公立の図書館等で本を管理し，利用者に対するサービスを担当する専門的職員。本の貸し出し・返却，新規購入・管理・イベント開催など，図書館に関する業務全般にあたる。区市町村によっては，学校への常駐や巡回訪問等による読書サービスを提供しているところもある。

学校司書

　学校図書館法第6条第1項において，各学校に置くように努めなければならないとされている学校図書館の職務に従事する学校事務職員。資格については制度上の定めはない。

学校図書館司書教諭

　学校図書館法第5条第1項で規定されている学校図書館の専門的職務を掌る教員。司書教諭の講習を修了した者を充てる。

十進分類法

　我が国の図書館で広く使われている図書分類法。図書分類法の我が国におけるデファクトスタンダードである。公立図書館のほとんどが採用している。分類記号に0から9の数字を用い，それぞれの中を類・綱・目の区分で分けている。

　例えば，4の自然科学分野においては，400自然科学，410数学，420物理学，430化学，440天文学，450地球学，460生物学，470植物学，480動物学，490医学。

0　総記
1　哲学・宗教
2　歴史・地理
3　社会科学
4　自然科学
5　技術
6　産業
7　芸術
8　言語
9　文学

学校図書館での展示例

読み聞かせ

　話し手が，聞き手とともに絵本などの本を見ながら音読する活動である。乳幼児期から可能で，情操を豊かにしたり，言葉や文字を獲得したりするにも有効であるといわれている。年齢を問わず，本さえあれば，想像力豊かに物語の世界にいざなうことが可能であり，多くの学校で実践されている。

ブックトーク（book talk）

　一定のテーマに沿って何冊かの本を選び，順序よく短い時間に複数の聞き手に紹介する活動。小学生であれば4・5冊を30分程度で紹介するのが効果的。

　目的は，「その本読みたい」という意欲の喚起，著者や関連分野への関心の喚起にある。したがって最後まで読み切るのではなく，山場で切り「続きをぜひ読んでみてください」と読書を促すような手法をとる。

ストーリーテリング（storytelling）

　語り手が，昔話や創作などの物語を覚え，自分の言葉で語り聞かせること。「素話」ともいう。読み聞かせやブックトークとの違いは，語り手と聞き手の間に人間的な心の交流がより一層生まれやすいこと。お年寄りが炉燵で孫たちに話す昔話や，寝床で親が子供を寝かしつけながら語るお話もこの中に入る。

書評合戦（ビブリオバトル　bibliobattle）

2007（平成19）年京都大学情報学研究科共生システム論研究室の谷口忠大によって考案され，2013（平成25）年文部科学省の「第三次子供の読書活動の推進に関する基本的な計画」に掲載されたことで学校教育への導入が推進された読書会の形式。

自分が読んだ本を他の人に紹介することを目的とした活動であり，感想を中心にする「読書感想文」とは一線を画す。公式ルールは，

1　発表参加者が読んで面白いと思った本を持って集まる。
2　順番に一人5分間で，本を紹介する。
3　それぞれの発表後，参加者全員がその発表に関するディスカッションを2〜3分行う。
4　すべての発表終了後，「一番読みたくなった本」に一票を投じ最多票を集めた本を「チャンプ本」とする。

本のポップ（POP　point of purchase）

もともとは，「ピーオーピー」と呼び，購買意欲を掻き立てるための広告や宣伝物のこと。学校で実践されている「本のポップ」とは，自分の読んだ本を，読んだことのない人に紹介するための広告。その本の何にどう心を動かされたかといったおすすめポイントを，印象的な言葉や短いフレーズで表したもので，おすすめの本のそばにおいておくもの。

本の帯

本についてのキャッチコピーなどが刷られた細長い紙。本の下の部分を覆うように表紙に巻く。本にかけたベルトのように見えるので「帯」という名前で呼ばれる。こうした方法は海外ではほとんど見かけない。我が国独特の文化ともいえる。その本自体に巻き付いているものなので，本の宣伝には効果的。授業で用いるときにも，手軽にしかも表現の効果を考えて作成できるなどのメリットをもつ。

課　題

1. 情報の扱いが新設された理由を考え，内容について具体的な指導場面を想定して考えよう。
2. 我が国の伝統的言語文化は2008（平成20）年版学習指導要領から位置付けられた。その背景を考えよう。
3. 書写を指導する意義について，自分の考えをまとめよう。また，本書61ページの平仮名・片仮名五十音表を見ながら，筆順に気を付けて正しく整えて書く練習をしよう。

参考文献

有元秀文『子どもが必ず本好きになる16の方法（実践アニマシオン）』合同出版，2005年

植松雅美編著『教科指導法シリーズ　小学校指導法　国語』玉川大学出版部，2011年

日本国語教育学会「月刊国語教育研究（量から質への語彙単元）」No.567，2019年

日本国語教育学会「月刊国語教育研究（情報化社会における読書指導）」No.572，2019年

日本国語教育学会「月刊国語教育研究（言語感覚を育てる国語単元学習）」No.550，2017年

花田修一・小森茂・水戸部修治・松木正子共同編集「実践国語研究（もっと読みたい！　読書に親しむ授業づくり）」No.327，明治図書，2014年

文部科学省『小学校学習指導要領（平成29年告示）解説　国語編』東洋館出版社，2018年

第 **4** 章

思考力，判断力，表現力等

　これまでＡ・Ｂ・Ｃ３領域１事項として示されていた国語科の指導内容が，2017（平成29）年の改訂版から〔知識及び技能〕と〔思考力，判断力，表現力等〕という大きなくくりになったことはすでに第２章で詳しく述べた。本章は，前章の〔知識及び技能〕に引き続き，〔思考力，判断力，表現力等〕の指導内容について，Ａ〔話すこと・聞くこと〕Ｂ「書くこと」Ｃ「読むこと」の順に述べていきたい。なお，Ｃ領域については，説明的な文章と文学的な文章それぞれの特徴，またそれぞれを扱う際の指導内容を明確にして，分けて述べることとした。

キーワード　意義とねらい　指導内容　Ａ「話すこと・聞くこと」　Ｂ「書くこと」
　　　　　　　　Ｃ「読むこと」　説明的な文章　文学的な文章

第1節　話すこと・聞くこと

1. 話すこと・聞くことの指導の意義とねらい

(1) 話すこと・聞くことの意義

　学校教育において進められる学習活動の大半は，話すこと・聞くことの言語活動によって行われている。教師と子供，子供同士が互いに意思を伝え合い，交流しながら学ぶ。考えること，伝えること，表現することなどの主要な能力の育成は，この言語表現活動によって育てられる。

　日常生活も，家庭・地域において意思を通い合わせる手段として，話すこと・聞くことの活動が広い範囲を占め，互いの関わりを円滑に保っている。新学習

指導要領では人との関わりを重視し，自分の考えを言い合えるよう取り組ませている。科学技術が日進月歩で進展し，情報が瞬時に世界をめぐっているこの時代，国際間の交流も緊密な関係が求められている。こうした状況の中で，緊急の課題について正確に理解し，的確に表現する力の育成は急務である。

　従来，日本では多弁を戒め，行動で己の考えを全うすることを薦めてきたが今や即座に理解し合わなければならない緊急事態への対応力が求められている。音声言語のもつ即時性という特徴を生かし意思疎通をすみやかに行うことで，緊密な相互理解が可能になり深い関係性の構築にもつながっていく。

　日本では古くから文書主義が重んじられ，記録，報告，連絡等も全て文書文字言語を用いて行われてきた。しかし，これからグローバル化され，通信機器が急速に進化する時代において，音声言語の果たす役割は確実に大きく重いものになると考えられる。「ことば」や「文・文章」をどのような声音にのせて発信するのか。その際の速さ，声の大小，強弱，抑揚といった要素への理解やそれらを適切に使いこなす技能の習得も学校教育の大切な目標となる。

　さらには，言うべきことは明確に主張し，相手の納得を引き出すようなプレゼンテーション，相互の思いを受け止め合うための質疑や協議，一定の時間内によりよい方向性を決めるためのまとめ方等々についても確かな能力を育てていくことが必要である。

(2) 話すこと・聞くことの指導のねらい
①「話すこと」，「聞くこと」，「話し合うこと」の一貫性を重視
　話すことや聞くことは，話し手がいて，聞き手がいて成立するもので，一方だけでは成り立たない。したがって，分かりやすく効果的に話す力を指導するとともに，正確に聞き取り，考えながら反応できる力を育てることが必要である。この双方向の活動にあわせて，「話し合う」活動も育成していく。この三つの分野について基礎的技能を学ぶとともに，「聞くこと」「話すこと」「話し合うこと」の関連を図りながら，効果的な表現，伝える内容の質的向上を図りながら，活動への意欲を高めていく。
②具体的な能力の促進
　話すことや聞くことは，日常的な活動であるため，具体的な指導が十分でなくても成長に著しい変化を感じることは少ない。家庭や地域での経験を通し，成長が図られるからである。だからこそ話すことや聞くことの具体的な指導を

学校教育において意図的計画的に行うことによって，簡潔性，明瞭性，論理性などの能力，態度が助長されるのである。国語科の読むこと，書くことの能力向上はもとより，他教科等の学習効果をいちだんと高めるためにも「話すこと・聞くこと」の指導の充実が望まれる。

話すことの指導は，発声，構成力，表現効果に加え，話の内容を充実させることが必要である。聞くことの指導としては，内容を聞き取る力，メモの取り方，話し手との対応力が重要である。さらに聞きながら，相手の話の内容に関する自分の考えをもつような能力の育成を具体的に図るような指導が必要である。

こうした「話すこと・聞くこと」の学習は，他の領域や他教科等との学習と関連させて行うことで，一層充実させることができる。指導者が常に関連を意識して指導することが実践上のポイントとなる。

③「取り立て指導」と「日常指導」

小学校学習指導要領国語　第3「指導計画の作成と内容の取扱い」1(4)には，「各学年の内容の〔思考力，判断力，表現力等〕の「A話すこと・聞くこと」に関する指導については，意図的，計画的に指導する機会が得られるように，第1学年及び第2学年では年間35単位時間程度，第3学年及び第4学年では年間30単位時間程度，第5学年及び第6学年では年間25単位時間程度を配当すること」とある。年間授業週数を35週と考えると，計算上低学年では週1時間程度，高学年では7分の5時間程度となる。

ほとんどの活動が音声言語で行われているという割には，また，これからの時代，ますます重要な資質・能力になるという認識の割には，少ないという印象をもった人もいたであろう。また，逆に「話すこと・聞くこと」は，国語のみならず常に行われている活動であるから，こうまで時間をとることはないのではと考えた人もいたのではないか。

ここで示された時間数は，「話すこと・聞くこと」の「取り立て指導」に充てるものである。「取り立て指導」とは，実態に応じて，意図的に取り上げて指導するものをいう。運動会のダンスの練習などは，まさに取り立て指導である。「話すこと・聞くこと」についても，日常的な活動に伴う指導だけではなく話したり，聞いたりするための資質・能力，技能を意図的計画的に育成するための時間が確保されているということである。したがって，それぞれの配当時間に，何をどのように指導するのか，綿密な年間指導計画が必要となってくる。「取り立て指導」で身に付けた力を，日常指導の中で発揮してより豊かな言語生活

や学習生活を送ることができるように，教師の意識が問われる。

④人間関係構築と思考力向上のためのコミュニケーション能力の育成

コミュニケーションの基礎は，相手もしくは他者を理解するための言葉を獲得することでなければならない。他者とは，世代，文化，国籍，性別などの違いをもつ相手を指す。核家族化，少子高齢化が進む一方で，母親の社会進出，父親の家庭育児参加も推進され新しい家族観が顕著になってきた。地域社会の関わりが薄れ，孤立化する子供も増えている。一人一人の子供が自分の思いや意思を適切に伝える能力の育成が求められる。身近な人に自分の考えを伝える力をもち，周囲の理解を得て，幸せな生活が送れるようにするためにも，「話すこと・聞くこと」の能力をしっかり身に付ける学習の役割は大きい。人との関わりを深めるために，共感的な対話の仕方や，座談での話の進め方を身に付けさせたい。これらによって，円滑なコミュニケーション能力が育まれ，よりよい社会の形成者としての資質が身に付くものと期待する。

また，こうした人間関係構築のみならず，コミュニケーション能力には，思考力を向上させる力もある。2012（平成24）年の文化審議会国語分科会においては，言語コミュニケーションは思考力を育てる大切な活動であると位置付けた。

> 今後，求められるコミュニケーション能力としては…
> 一つは，対面コミュニケーション場面で相手との人間関係を作り上げながら，コミュニケーションをとれる能力，もう一つは，自分の考えや意見を整理し，根拠や理由を明確にして説得力をもって論理的に伝え合うことのできるコミュニケーション能力である。　　　　　（文化審議会国語分科会）

論理的思考力の育成の面からは，「書くこと」が有効なのはもちろんだが，今日のスピード社会では，書くことの論理性と話すことの即時性を併せもったコミュニケーション能力の育成が大切であろう。スピーチメモや聞き取りメモといった文字言語を有効に活用した「話すこと・聞くこと」能力の育成を目指したい。

2. 話すこと・聞くことの指導

(1) 話すこと・聞くことの指導内容

2017（平成29）年版学習指導要領によると，話すこと・聞くことの指導内容は，以下の5項目でまとめられている。

・話題の設定，情報の収集，内容の検討
・構成の検討，考えの形成（話すこと）
・表現，共有（話すこと）
・構造と内容の把握，精査・解釈，考えの形成，共有（聞くこと）
・話合いの進め方の検討，考えの形成，共有（話し合うこと）

以下にその内容を詳しく解説していく。

①話題の設定，情報の収集，内容の検討

日常生活の中から話題を決め，集めた材料から必要な事柄を選んだり，その内容を検討したりすることを示している。「話すこと」，「聞くこと」，「話し合うこと」に共通し，また，その他の指導事項と密接に関わるものである。

いわゆる「何を」にあたるのが話題の設定，話したり話し合ったりするために必要な材料を集めるのが情報の収集（取材），集めた材料を目的や相手，方法といった条件に合わせて取捨選択するのが内容の検討（選材）である。

低学年にも「選ぶ」という意識をもたせている。さらに中学年から比較・分類，高学年では関係付けといった情報の扱いに関わる内容が示されていることにも注目したい。

②構成の検討，考えの形成（話すこと）

話の内容が明確になるように，構成を考えることを通して，自分の考えを形成することを示している。

低学年では，事柄の順序を，中学年では，理由や事例などを挙げながら，話の中心が明確になるよう，高学年では，事実と感想，意見とを区別するなどして，話の構成を考えることを示している。もちろん，こうした考えの形成は，上記の情報の収集や内容の検討と並行して行ったり，立ち返ったりするなど，実態に応じて柔軟に授業を展開することも必要である。

旧版の指導要領と比較すると，「伝わるように」といった話す場合の目的意

識や「これで伝わったかな」という評価意識を喚起しているところに特徴がある。「話しっぱなし」「とりあえず話して終わり」というのではなく，聞き手の反応を確かめるといった，相手や目的を明確に意識した活動を求めているのが分かる。

③表現，共有（話すこと）

　適切に内容を伝えるために，音声表現を工夫したり，資料を活用したりすることを示している。音声表現はそのままでは形に残らないものであるため，伝えたいことが明確になるような表現の工夫を重視している。

　旧版では，共通語と方言の取扱いが明記されてきたが，新版からは消えている。これらは，〔知識及び技能〕(3) 我が国の言語文化に関する事項で，言葉の由来や変化としてまとめている。

　また，姿勢や視線といった内容も割愛された。形よりも内容重視，「話したい」内容を，表現を工夫した「聞きたい」話し方で……という今回の改訂の趣旨「主体的・対話的で深い学び」の意向が表れているのではないかと考える。

④構造と内容の把握，精査・解釈，考えの形成・共有（聞くこと）

　話し手が伝えたいことと自分が聞く必要のあることの両面を意識しながら聞き，感想や考えを形成することを示している。

　単に聞くだけではなく，聞いたことで自分の感想や考えをもち，さらに自分の考えと比較してまとめるといった双方向の積極的な聞き手を育成することが明示されている。

　「聞く活動」を行うに際して，聞き手としての意識や姿勢を明確にもたせることが大切である。

聞き手意識

・何のことを話しているのか　　　　　　　　　　　（話題意識）
・話しているのは誰か，どういう立場の人か　　　　（相手意識）
・自分はどういう目的や立場でこの話を聞いているのか　（自分意識）
・話されている言葉や表現についてどう考えるか　　（言葉・表現意識）

　意識の上に育成するのが能力である。以下のような聞く能力を学習指導要領では，学年の発達段階に応じて示していることが分かる。

聞く能力

・話された内容を正確に理解する能力
・話された内容の中から必要な情報を選んで，選択的に聞き取る能力
・話された事柄の相互関係や妥当性を判断して，批判的に聞き取る能力
・話された内容について質問したり反論したりして，新たな考えを得る，創造
　的に聞き取る能力

聞き取る能力

　こうした能力の必要性は，2000（平成12）年以前から高橋俊三や，甲斐雄
一郎らによって指摘されてきたところである。特に，<u>選択的に聞き取る能力</u>は，
今回の「情報の扱い方」という新しい視点に明確に反映されている。また，<u>批
判的に聞き取る能力</u>については，2008（平成20）年版の学習指導要領からい
わゆるクリティカル・シンキングという概念として重要視されている。特に，
<u>創造的に聞き取る能力</u>は，今回の学習指導要領では「深い学び」として最も重
要視されている。

　こうした能力を身に付けるためには，適切な言語活動が有効である。以下に
基本的な「聞くことの機能を使った言語活動」を挙げておく。

聞く活動

・聞き浸る…………鑑賞的に聞く機能を使った活動
・聞き分ける………論理的に聞く機能を使った活動
・聞き入れる………批判的に聞く機能を使った活動
・聞き合う…………相互的に聞く機能を使った活動
・聞き遂げる………主導的に聞く機能を使った活動

　ここでいう「聞き入れる」という活動は，単に丸ごと受け止めるということ
ではなく，聞き入れるために「これは事実かな？　それとも話し手の考えかな？」
「この例は，適切かな？」「示された資料と話し手の主張は関連しているかな？」
などのまさに「問いをもって聞く」，すなわち積極的な聞き手，主体的・能動
的な聞き手としての活動として挙げられており，その重要性を示したものであ

る。

⑤話合いの進め方の検討，考えの形成（話し合うこと）

　進行を意識して話し合い，互いの意見や考えなどを関わらせながら，自分の考えを練り直し，まとめたり広げたり深めたりすることを示している。単に話し合うだけでなく，その活動の目的を意識し，話し合うという活動が自分の考えに変化をもたらすことを実感させることが「考えの形成」には重要である。

　学習指導要領では，すべての教科等の実践において「主体的・対話的で深い学び」のある授業を創造する授業改善が強く求められている。「対話」の資質・能力，知識・技能を身に付けさせることが国語科の重要な責務である。話合いは，話すことと聞くことが同時に行われる言語活動であり，それぞれの児童が話し手でもあり同時に聞き手でもある。話合いの過程では，「話すこと」「聞くこと」に関する資質・能力は同時に一体となって働く。したがって，指導は双方の指導事項の関連を図るように意識することが必要である。

　次ページにA領域「話すこと・聞くこと」の学習指導要領新旧比較表をまとめたものを掲載している。

(2) 身に付けさせたい表現力

①理解したことについて感じたり，考えたりしたことを話す

　「話すこと・聞くこと」の学習では，発展的に身に付けさせたい能力がある。伝えられた事実をそのまま受け止めるだけではなく，自分の考えや感じ方を表現することが大事である。事実や事象について，自分の考えをもち，表現できる力を付けさせる。話の視点や課題について考え，話をさせるために，他の学習においても，感想や考えを話す機会を増やす。

②互いに伝え合い，思いや考えを話し合わせる

　話すこと・聞くこと，話し合うことは，相手との交流の上に成り立つ。事実や事象について考えを交流し合うことは，相手を理解し合う機会になる。相手の話を自分の考えに重ねて聞いたり，相手との感じ方の違いに気付いていくことも，相手を理解するうえで重要なことである。

表4-1　Ａ「話すこと・聞くこと」指導要領新旧比較表

旧	第1・第2学年	第3・第4学年	第5・第6学年	現	第1・第2学年	第3・第4学年	第5・第6学年
話題設定　取材	ア 身近なことや経験したことなどから話題を決め，必要な事柄を思い出すこと	ア 関心のあることなどから話題を決め，必要な事柄について調べ，要点をメモすること	ア 考えたことや伝えたいことなどから話題を決め，収集した知識や情報を関連付けること	話題の設定、情報の収集、内容の検討	ア 身近なことや経験したことなどから話題を決め，伝え合うために必要な事柄を選ぶこと	ア 目的を意識して，日常生活の中から話題を決め，集めた材料を比較したり分類したりして，伝え合うために必要な事柄を選ぶこと	ア 目的や意図に応じて，日常生活の中から話題を決め，集めた材料を分類したり関係付けたりして，伝え合う内容を検討すること
話すこと	イ 相手に応じて，話す事柄を順序立て，丁寧な言葉と普通の言葉との違いに気を付けて話すこと	イ 相手や目的に応じて，理由や事例などを挙げながら筋道を立て，丁寧な言葉を用いるなど適切な言葉遣いで話すこと	イ 目的や意図に応じて，事柄が明確に伝わるように話の構成を工夫しながら，場に応じた適切な言葉遣いで話すこと	構成の検討、考えの形成（話すこと）	イ 相手に伝わるように，行動したことや経験したことに基づいて，話す事柄の順序を考えること	イ 相手に伝わるように，理由や事例などを挙げながら，話の中心が明確になるよう話の構成を考えること	イ 話の内容が明確になるように，事実と感想，意見とを区別するなど，話の構成を考えること
	ウ 姿勢や口形，声の大きさや速さなどに注意して，はっきりした発音で話すこと	ウ 相手を見たり，言葉の抑揚や強弱，間の取り方などに注意したりして話すこと	ウ 共通語と方言との違いを理解し，また，必要に応じて共通語で話すこと	表現、共有（話すこと）	ウ 伝えたい事柄や相手に応じて，声の大きさや速さなどを工夫すること	ウ 話の中心や話す場面を意識して，言葉の抑揚や強弱，間の取り方などを工夫すること	ウ 資料を活用するなどして，自分の考えが伝わるように表現を工夫すること

				構造と内容の把握、精査・解釈、考えの形成、共有（聞くこと）			
聞くこと	エ 大事なことを落とさないようにしながら，興味をもって聞くこと	エ 話の中心に気を付けて聞き，質問をしたり感想を述べたりすること	エ 話し手の意図をとらえながら聞き，自分の意見と比べるなどして考えをまとめること		エ 話し手が知らせたいことや自分が聞きたいことを落とさないように集中して聞き，話の内容を捉えて感想をもつこと	エ 必要なことを記録したり質問したりしながら聞き，話し手が伝えたいことや自分が聞きたいことの中心を捉え，自分の考えをもつこと	エ 話し手の目的や自分が聞こうとする意図に応じて，話の内容を捉え，話し手の考えと比較しながら，自分の考えをまとめること
				話合いの進め方の検討、考えの形成（話し合うこと）			
話し合うこと	オ 互いの話を集中して聞き，話題に沿って話し合うこと	オ 互いの考えの共通点や相違点を考え，司会や提案などの役割を果たしながら，進行に沿って話し合うこと	オ 互いの立場や意図をはっきりさせながら，計画的に話し合うこと		オ 互いの話に関心をもち，相手の発言を受けて話をつなぐこと	オ 目的や進め方を確認し，司会などの役割を果たしながら話し合い，互いの意見の共通点や相違点に着目して，考えをまとめること	オ 互いの立場や意図を明確にしながら計画的に話し合い，考えを広げたりまとめたりすること

③多様な表現方法を工夫する

　表現方法を工夫することで，説得力を高めることができる。聞き手に分かりやすく好印象をもたせる表現方法を工夫するよう指導する。

　話し始めや結びの工夫，結論を先に述べること，話し方にアクセントを付けて印象を変えること，グラフや写真で印象的な効果をねらう，などが考えられる。また，発音発声の工夫として，明瞭に相手に聞こえる工夫，強弱や緩急を付けて効果的に発言するなどの技能を指導する。

④実社会に生きる表現力を付ける

　社会に役立つことの第一義は，好ましい挨拶ができることである。学級全体で，声を揃えて一語ずつ区切ってする挨拶は不自然である。また，小声でする挨拶も聞き取りにくく気持ちが伝わらない。明るく，元気な挨拶ができるように日々継続的に指導する必要がある。

　その他，伝言や説明，報告など，日常生活に活用される能力の育成が求められる。順序や数を挙げながら話す方法なども工夫する。話すこと・聞くことの指導は，技能と内容と言葉の力を合わせた総合的な表現力の育成なのである。

3. 話すこと・聞くことの指導の方法

(1) 話すこと・聞くことの指導の基本

　話すこと・聞くことの指導は，全領域に関わって行われるものである。言語の力が基盤を支えていることから〔知識及び技能〕の内容である発音，発声，文字，表記，語彙，ことばに関するきまり，言葉づかいなどの指導が適切に行われなければ，話し言葉の能力は十分には達成されない。話すこと・聞くこと活動は，言語の力を基本の学力として指導する必要がある。

　したがって，学年の系統性を配慮した指導が求められる。発音の明瞭性，声量，強弱，速さ，抑揚，間の取り方などの指導を充実させなければならない。

　教師の話し言葉が，身近な手本になる。教師の話し言葉が明瞭で，分かりやすく簡潔に内容を伝えていることが必須の要件になる。

　的確に話すこと，話の内容を的確に聞き取ることは，他教科や各領域の学習に欠かせない基盤であり，日常生活にはなくてはならない能力である。国語科教育においての「聞くこと・話すこと」の指導は，家庭生活，社会生活において欠かせない能力を育成するものである。こうした意義を念頭に置き，指導する必要がある。

　「読むこと」や「書くこと」の学習においても，話の内容をまとめたり，要領よく質問したり，正確に内容を捉えて伝えたりする話し言葉の活動が的確に行えるような指導が必要である。

　教師と子供との応答，子供同士の話合いを通して，話すこと・聞くことの活動が活発に行われるように，すべての教育活動の関連を図っていく。

(2) 活動に応じた指導のポイント

　学習指導要領の目標に応じて，「話すこと・聞くこと」の資質・能力は，適切な言語活動を通じて育成することが大切である。次に指導要領に示された言語活動の新旧比較表を載せた。改訂の趣旨を考慮しつつ，それぞれの活動に応じた指導のポイントに触れてみたい。

表4-2　新旧A領域（2）言語活動例　比較表

第1学年及び第2学年（旧）	第1学年及び第2学年（新）
ア 　事物の説明や経験の報告をしたり，それらを聞いて感想を述べたりすること	ア 　紹介や説明，報告など伝えたいことを話したり，それらを聞いて声に出して確かめたり感想を述べたりする活動
イ 　尋ねたり応答したり，グループで話し合って考えを一つにまとめたりすること	イ 　尋ねたり応答したりするなどして，少人数で話し合う活動
ウ 　場面に合わせて挨拶をしたり，必要なことについて身近な人と連絡をし合ったりすること	
エ 　知らせたいことなどについて身近な人に紹介したり，それを聞いたりすること	

第3学年及び第4学年（旧）	第3学年及び第4学年（新）
ア 　出来事の説明や調査の報告をしたり，それらを聞いて意見を述べたりすること	ア 　説明や報告など調べたことを話したり，それらを聞いたりする活動

イ	イ
学級全体で話し合って考えをまとめたり，意見を述べ合ったりすること	質問するなどして情報を集めたり，それらを発表したりする活動
ウ	ウ
図表や絵，写真などから読み取ったことを基に話したり，聞いたりすること	互いの考えを伝えるなどして，グループや学級全体で話し合う活動

第5学年及び第6学年（旧）	第5学年及び第6学年（新）
ア	ア
資料を提示しながら説明や報告をしたり，それらを聞いて助言や提案をしたりすること	意見や提案など自分の考えを話したり，それらを聞いたりする活動
イ	イ
調べたことやまとめたことについて，討論などをすること	インタビューなどをして必要な情報を集めたり，それらを発表したりする活動
ウ	ウ
事物や人物を推薦したり，それを聞いたりすること	それぞれの立場から考えを伝えるなどして話し合う活動

　今回の改訂で言語活動は低学年では二つに精選され，「挨拶」「連絡」といった日常的な活動が削られている。もとより「挨拶」はコミュニケーションの第一歩，人間関係構築の要であることに変わりはないが，「話すこと・聞くこと」の資質・能力を育成するための手段として位置付けることではないという考え方が表れたものであろう。

　各学年のアには，話し手がある程度まとまった話をし，それを聞いた聞き手が感想や意見を述べる言語活動が示されている。第3・4学年，第5・6学年のイには，情報を収集したり発信したりする活動が例示されている。〔知識及び技能〕に情報の扱い方についての項目が新設されたことと連動した扱いになっている。第1・2学年のイ，第3・4学年，第5・6学年のウには，目的に沿って話し合うことを通して互いの考えを共有したり，生かし合ったりする言語活動を配している。

①プレゼンテーション・スピーチ

　紹介，説明，報告，意見，提案などは，いわゆるプレゼンテーションといわれるもので，スピーチにあたる。ある程度のシナリオを用意し，資料等も整え

て臨む場合が多い。その場合は，テーマや目的に応じた構成，聞き手を納得させられる根拠や理由，具体例などの準備や吟味が必要である。さらに，発音・発声，音量，姿勢や視線，話す速さ，アクセント，イントネーション，間や表情といった話すための技能を習得する活動として積極的に用いたい。取材メモ，構成表，スピーチメモ，資料としての実物，写真，アンケート，図や表・グラフ，事前リハーサルといった事柄を指導する。

②情報収集・インタビュー

　指導として必要なことは，何について話すのか，話題を絞り，話の中心を決めておくことである。相手が友達同士か，目上の人かによって，丁寧な話し方を意識させる必要がある。話を深めるために，事前の情報を収集整理し，メモをつくっておく。話の進行を細かく文章化すると，原稿を読んでしまい，対話が不自然になりやすい。このため，メモかカードで話したいことをまとめるようにする。結論を出す必要があるのか，話し相手の考えをいろいろ聞き出すのか，やり取りを自由にして自然の流れで理解し合うのか，目的によって展開の工夫を考える。

　話し手，聞き手が互いに「なるほど」と納得することを取り上げながら，共感的に話を進めるように質問したり，感想を言い合ったりするなど，好意的に受容する態度の育成も重要である。

③対話・話合い

　低学年では「少人数で」，中学年には「グループや学級全体で」，高学年になると少人数やグループ，学級全体はもとより，より広い場での話合いまでが例示されている。一般には「対話」は一対一のコミュニケーションを意味する。ただ，今回の学習指導要領で唱えられている「主体的・対話的で深い学び」の中で用いられている「対話的」は，単なる一対一という形態を指すのではなく，他者（内なる自分も含め）との考え方の発信・受信を指すものである。ペア（二人）やトリオ（三人）の意見交換も含めて「対話的」と位置付けていることに注意することが必要である。「対話」をより明確に理解するために，「会話」と比較して考えてみたい。

　劇作家で演出家の平田オリザは，その著書『対話のレッスン──日本人のためのコミュニケーション術』の中で以下のように定義している。

　　対話：異なる価値観のすり合わせ，差異から出発したコミュニケーション

の往復に重点を置く。他人と交わす新たな情報交換や交流のこと

会話：お互いの細かい事情や来歴を知った者同士のさらなる合意形成に重きを置く。既に知り合った者同士の楽しいお喋りのこと。日常会話のお喋りには，他者にとって有益な情報はほとんど含まれていない

　すなわち，対話は，話し合っていく中でお互いの違いを明らかにすることから始まり，その違いを理解することで，より深く自分理解に至る営みといえるのではないか。したがって，対話の目的は相手理解のためでもあり同時に自己理解のための活動といえる。そこに，新しい何かが生まれる可能性を秘めた創造的な活動といえるのではないかと考える。当然，そこには相互に相手を尊重し，自分を飾らず開くことが前提となる。対話的な話合いを成立させるには，相互に尊重し合う学級経営がなされていることが基盤である。

(3)「話すこと・聞くこと」の指導の手順
①まとまりよく話す手立て
　読み取ったことを正しく捉え，取材したりしたことについて，自分の考えをまとめて伝えるには，以下の内容を指導する。
・内容を決め，組み立てメモをつくる。(はじめ・なか・おわり等)
・伝えたいことをはっきりとメモに書き表し，相手に伝える。
・思いや考えについて理由や根拠を伝える。
・大事な言葉や文末をはっきりさせて表現する。
・思いや考えを伝えるための例話や引用を活用する。
②伝え合う力を付ける手順
　話合いでは，伝え合いの能力を育てることが重要である。相手意識を明確にもち，意識しながら話すようにする。
・話し手と聞き手が交互に入れ替わって発言し，双方向に伝え合う。
・賛成，反対の考えや立場を明確にしたうえで発言する。
・発言者の考えや思いを受けて話をつなぐ。
・話の流れを意識させ，筋道を外さないようにする。
・論題から外れた場合は，元の話題に戻る。

(4) 学習過程への位置付け

　話すこと・聞くことの活動を充実させるためには，単元計画と，1単位時間の学習時間の流れを計画的に位置付けて指導の充実を図ることが重要である。1単位時間は小学校では45分間である。「導入」「展開」「終末」の内容を計画し，円滑な流れの中で有意義な言語活動をさせ，話すこと・聞くことの力を付ける。

　単元計画の過程において，各時間の学習過程の流れは変わる。導入では，意欲付け，展開では，学習の意味や活動の仕方，終末では，本時の学習のまとめを行う。話すこと・聞くことの活動を展開の中心におき，話合いや発表の時間を十分にとる。この展開時では，教師が子供の話合いを高めるために，全体児童へ課題を投げかけ，話を集約したり，対立させたりしながら，考えさせる指導が肝要となる。この場合，指導者の話し言葉が，範例になることはいうまでもない。

第2節　書くこと

　国語科における「書くこと」の指導目標の一つは，思考力の育成にある。内にある思想，思いや考え，認識，解釈を言語化するために，言葉を選ぶ，文を構成する，文脈を創るという体験を意図的に設定する。これが「書くこと」の授業となる。目標のもう一つは，表現力の育成である。書く方法，書くための知識・技能を発達段階に合わせ，系統的に育成するところにある。これら二つを深く関連させ，内側から湧き出る「書きたい」という思いと，学習によって身に付けた「どう書くか」という技能を駆使して作品を創造する。「書くこと」の資質・能力は，「書けた」という自分なりの達成感，認められた，褒められたという他者からの評価の蓄積で伸びていくのである。

1. 「書くこと」の意義

　平成に続く新しい元号「令和」が，万葉集からの出典であったのは記憶に新しい。日本人は早くから，自分の思いを短歌など歌で表現する文化をもっていた。ただ，万葉の時代は仮名文字の出現には至らずすべて漢字（万葉仮名）による表記であった。いずれにしても，文字言語の出現によって，個人の思想が時間・空間を超えて伝えられるという驚異的な変化をもたらしたことに間違い

はない。平安期に入って表音文字として仮名が考案されるに至り，幅広い人々にも文字が身近な存在になっていった。江戸時代には，多くの草紙や，瓦版など多様な読み物が人気を呼んでいる。寺子屋の発達に伴い庶民の子弟の識字率は，かなりのものであったことが推測される。

　人はなぜ書くのか，書くことに何を求めようとしているのか，書くことの指導を論じる前に，その意義について考えてみたい。

　文字言語による作文（文章生成）過程では，そこに用いる言葉の選択と，対象物の認識の関係は，双方向的な活動となる。つまり，アイデア（考え・思想）は，言葉に転化されて初めて対象としての形を表し，その輪郭をくっきりさせる。文・文章で表現したことで，書く以前には思いもつかなかった景色が見えてくることもままある。「書くことによって認識そのものが深くなる」（内田信子）といえる。書く活動抜きに思考の深まりは期待できない。

　言語心理学者の茂呂雄二は，「書くことの中に，すでにそこにあるものと，それまでにはなかった固有のものという互いに相反する二者が存在する」といい，書くという行為は，「文化としてすでにある語り口（音声言語）から，固有の声を創るため」と論じる。さらに，「読み書きは，二人の過程を抜きにしては語れない活動」であり，「対話を前提にすることによってのみ有意味性を発揮する」と述べている。書くという行為が，個人の活動という捉え方もあるが，それは，読み手という相手の存在があってこそ，意味ある活動として成り立つ。同様に，教育学者の汐見稔幸は，「書くことと『やさしさ』」という論文の中で「自分の書くという行為と，その結果としての作品を受け入れ認めてくれる存在があること。これは自分が属している集団の中で自分がどう評価され処遇されているかということについての自己評価といえよう。そういう自己評価がポジティブな形で存在しない限り，人は書こうとしない」と述べ，茂呂の立場と重なっている。

　他者からの評価，価値付けが「書くこと」の大きな動機付けとなる。教師の言葉かけや評語，評価，友達の評価が「書くこと」に大きな影響を与えることを改めて認識する。多様な相手（時には自我も含めて）との対話に触発されて，人は「書く」という行為・活動を持続させるのである。

（1）分かったことを書く（認識・思考から表現へ）

　自分の関心や課題の対象を，観察したり，調査したり，解き明かしたりして理解したことを，観察文や，調査報告文や，説明文などに書き表す。正確に，効果的に他者に伝えるために語や語句，文や文章を選び工夫して書く。

（2）書いてから分かる　書いたからこそ分かる（表現から思考・認識へ）

　日記や随筆などを書くことによって自分を見つめなおす，自分を再発見するという書くことの機能がある。つまり，書くことで気付く，もしくは書くことでより確かに認識するという作用である。対象物が，人間性や信条・心情といった抽象度の高いものばかりでなく，目の前に存在する事物など具体的なものについても，書くことでの新たな気付きや発見が期待される。

　「なぜ書くのか」を踏まえ，国語科で「書くこと」を指導する意義は，思考力から表現力を，また，表現力から思考力を育成するという双方向的なものであるといえよう。いかに書くかといった書き方（文章構成法）を指導する意義もここにある。

　森岡健二は自著『文章構成法』の中で「文章構成法は，いかに内容を創造し，いかにそれを正確に効果的な言葉で表現するかの問題を扱う。つまり，内容と言葉の背景にある思考力を重視し，正しい思考力に基づいて，内容と言葉を構成的に整え，創造的な思想を文章によって生産しようというものである」と述べている。

2. 書くことの指導内容

　国語科指導における書くことの指導内容は，第2章第2節で学習指導要領に沿って紹介した。ここでは，より具体的にそれぞれの指導過程（学習過程）における指導法について述べていきたい。

　書くことの学習過程は，以下の5過程に整理されている。順次見ていきたい。

・題材能力の設定，情報の収集，内容の検討
・構成の検討
・考えの形成，記述
・推敲
・共有

（1）題材の設定，情報の収集，内容の検討

　「書く」ための能力を育成するには，書く活動が必要である。書くことを通してのみ，書く能力は身に付く。そこで，「何を書くか」が問題となる。学習者＝児童が「書きたくてたまらない」興味・関心の高まり，もしくは「この時に書かなければならない」といった必然性が見込める題材を設定できるかどうかが大きく作用する。誰かに伝えたいといった，生き生きとした生活体験や課題意識をもたせる指導が必要である。教科書に示されている題材は，おおむね該当学年に適切なもの，児童の興味・関心を喚起する題材が選ばれている。手元の児童用教科書を開き，「書くこと」の単元を確認してみよう。光村図書出版発行の教科書第3学年を例にとると，

・気もちをこめて「来てください」（案内文）

・仕事のくふう，見つけたよ（調査報告文）

・食べ物のひみつを教えます（説明文）

・たから島のぼうけん（創作物語文）

・これがわたしのお気に入り（紹介文）

というラインナップになっている。それぞれの文種は，学習指導要領に示された思考力，判断力，表現力等のC「書くこと」の指導内容(2)言語活動例に準拠していることが分かる。例えば，「書くこと」第1単元の「気もちをこめて『来てください』」（案内文）は，1学期の運動会開催時期に実際の場で使える活動として設定されている。

　ただ，日本中の小学校の運動会がこの時期に開催されるわけではない。目の前の子供や，学校・地域の実態に応じた指導者の単元構成や授業デザインが求められる。運動会が秋に開催される学校なら，教科書掲載のモデル文を教師が書き換える工夫や，単元そのものを2学期に移動するなどのカリキュラム・マネジメントが求められる。教科書を教えるのではなく，教科書を使って教科書で教えることの意味がここにある。教師は，日ごろから児童の実態を把握し，魅力的な「書くこと」の活動をイメージしておくことが必要である。

　魅力的な題材（書くこと）が決まれば，それを書くための材料（情報）を集める過程に入る。いわゆる取材活動である。この過程は，多くの関連する情報を集める収集力，それらを分類整理する思考力の育成が目的となる。具体的な指導として，取材メモの書き方，分類整理のための様々な思考ツールの提示が考えられる。これらは，A領域の指導でも豊富に体験させたい内容である。

取材メモ　例1　運動会

一番心に残っていること
徒競走で一番になったこと

理由
はやく走るためにお父さんと練習した

・お父さんのことば
「うでで走るんだ」
「集中‼　スタートがポイント」

・走る前と、走っていると中
ドクンドクン

・お父さんの声

気もち・ゴール
やった‼　サイコー

中心の気もち	出来ごと	会話	変化	まわりの様子

取材メモ　例2　低学年

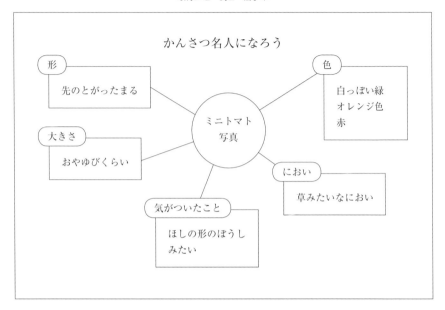

取材メモ　例3　中学年

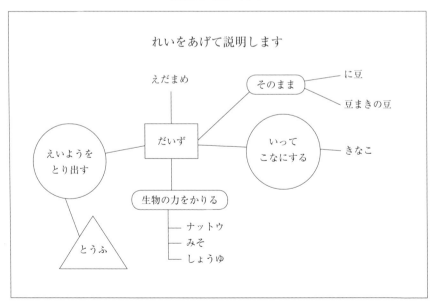

思考ツールの例

比較する
ベン図
複数の事象の「相違点」や「共通点」を見付け出す。

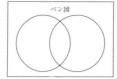

分類する
Xチャート
物事をいくつかのまとまりに分けて整理する。

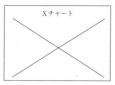

多面的に見る
ボーン図
物事を複数の視点から見て情報をまとめる。

組み立てる
ピラミッドチャート
複数の事象を根拠に，論理的に主張を構成する。

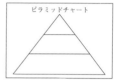

評価する
PMIシート
観点を持ち，根拠に基づいて対象への意見を述べる。

出所：関西大学初等部HPを元に作成。https://www.kansai-u.ac.jp/elementary/education/thinking/index.html
（2020年4月7日確認）

　自分が一番伝えたいことは何なのか，相手が一番知りたいことは何なのかについて，考え，たくさん集めた情報の中から最もふさわしいものを選んでいく，これが内容の検討（選材）である。このとき，伝えたいことの中心を明確にしてそのために必要な情報を整理するという思考過程が生ずる。この指導事項に関する身に付けさせたい資質・能力は，学習指導要領第2　各学年の目標及び内容〔思考力，判断力，表現力等〕B領域(1)アに示されている。

表4-3　題材の設定，情報の収集，内容の検討

第1学年及び第2学年	第3学年及び第4学年	第5学年及び第6学年	中学校第1学年
ア　経験したことや想像したことなどから書くことを見付け，必要な事柄を集めたり確かめたりして，伝えたいことを明確にすること。	ア　相手や目的を意識して，経験したことや想像したことなどから書くことを選び，集めた材料を比較したり分類したりして，伝えたいことを明確にすること。	ア　目的や意図に応じて，感じたことや考えたことなどから書くことを選び，集めた材料を分類したり関係付けたりして，伝えたいことを明確にすること。	ア　目的や意図に応じて，日常生活の中から題材を決め，集めた材料を整理し，伝えたいことを明確にすること。

（2）構成の検討

　選んだ情報を，どのような順序で書くか，内容の組み立てを行うのが構成の検討である。兼好法師は徒然草序段で「徒然なるままに，日暮し，硯に向かいて，心にうつりゆくよしなしごとを，そこはかとなく書きつくれば，あやしうこそものぐるほしけれ」と記し，とりとめもないことをこれといったつもりもなく勝手気ままにかいてみたと述べてはいるが，人に読んでもらう文章を書くとき，思いついたままを書き連ねる人はあまり多くはあるまい。書くテーマ，書きたい材料が集まったら，次に行う活動は，プロットづくり，柱づくり，つまり構成・組み立ての検討である。

　どう書いていいか分からないと訴える子供たちの多くは，書くことを組み立てる能力が十分でないことが多い。「書く能力」のまさに柱として構成力をしっかり身に付けさせることが重要である。

表4-4　構成の検討

第1学年及び第2学年	第3学年及び第4学年	第5学年及び第6学年	中学校第1学年
イ　自分の思いや考えが明確になるように，事柄の順序に沿って簡単な構成を考えること。	イ　書く内容の中心を明確にし，内容のまとまりで段落をつくったり，段落相互の関係に注意したりして，文章の構成を考えること。	イ　筋道の通った文章となるように，文章全体の構成や展開を考えること。	イ　書く内容の中心が明確になるように，段落の役割などを意識して文章の構成や展開を考えること。

　表4-4に示した学習指導要領の内容を受けて，教科書が編集されている。「組み立てを考えよう」といった単元名が教科書に出てくるのは，第2学年の1学期である。第1学年では，「思い出した順番で……」といった順序を意識する学習が中心で組み立てに踏み込んだ指導には至っていない。「どんな順番で話そうかな」とか「何から書こうか」といった声かけをすることで，構成意識を高めていくことが大切である。第2学年の教科書（光村図書出版）には，本文の脚注に「**組み立て**　文しょうなどが，どんな　まとまりと　じゅんじょでできて　いるかと　いう　こと」と示され，さらに巻末の「がくしゅうに用いることば」で組み立てとは，「文しょうや話が，どのようなまとまりとじゅんじょで　できているか　ということです。組み立ては，『はじめ』『中』『おわり』という　三つのまとまりで考えると，分かりやすくなることが　多いです」と学習の主体である子供にも分かる言葉で解説が加えられている。

　第3学年では，上巻に「組み立てを考えて，ほうこくする文章を書く」という単元が設定され，組み立てメモを作成して**報告文**を書く活動が，また，下巻にはC領域「読むこと」と関連させた単元で，文章全体の組み立てや**段落の役割**についても言及し，**紹介文を書く活動**が盛り込まれている。

　第4学年では，同じ構成指導でも，手紙文の組み立てや書式，新聞のレイアウト，リーフレットといった広い範囲の文章の組み立てにも学習の幅を広げる工夫がされている。

　構成・組み立てについては，中学年で最も集中的に学び，高学年では，中学年までの既習事項を活用してより広範囲の文章の種類に出合わせる工夫がされ

ている。教科書の内容を見るにつけても，段落の役割や段落相互の関係を指導する中学年における構成指導が重要であることが分かる。

　高学年では，自分の考えをより明確に表現するために，文章全体の構成の効果を考えることが重要になる。例えば，「意見文」を書くときなどには，自分の考えをより明確に読み手に伝えるために，「はじめ」にずばりと主張や結論を述べ，最後にもう一度その主張を繰り返すという構成（双括型）を用いることもあることを指導する。また，より一層説得力を増すために，あえて自分の主張に対する反論を述べ，それに応じた自分の考え（反論に対する反論）を述べるというような構成も効果的であることにも言及するなど，中学年に比べ，より一層工夫された表現を想定した明確な構成指導が求められている。

①頭括型

　文章の冒頭に結論が述べられた文章。まず結論を述べる型は，短時間で読み取ってほしい文章に向いている。討論会の話合いメモのように，立場をまず明確にするときにはこの型が適している。

②尾括型

　文章の最後に結論が来る文章。疑問や課題に対して，文章を読み解きながら最後までじっくり読んでほしい文章に向いている。

　多くの説明的文章がこの尾括型をとる。論理的に読み解く能力を育成するのに適した文章構成といえる。

③双括型

　文章の冒頭と最後に結論が述べられた文章。意見文など，結論をしっかり伝えたい文章に向いている。

（3）考えの形成，記述

　組み立て・順序といった構成が決まれば，次の学習過程は，それをひとまとまりの語句，つながった文・文章に書き表すことである。読み手に伝えたいことを正確に書き表すには，どのような言葉で表現すればよいか，読み手に自分の思いや考えを理解してもらうためには，どのような表現にすればよいかなど，書き方の工夫をすることを指導する。次ページの表のように，各学年等によって徐々に指導内容が高度になっていることが理解できる。

表4-5　考えの形成，記述

第1学年及び第2学年	第3学年及び第4学年	第5学年及び第6学年	中学校第1学年
ウ　語と語や文と文との続き方に注意しながら，内容のまとまりが分かるように書き表し方を工夫すること。	ウ　自分の考えとそれを支える理由や事例との関係を明確にして，書き表し方を工夫すること。	ウ　目的や意図に応じて簡単に書いたり詳しく書いたりするとともに，事実と感想，意見とを区別して書いたりするなど，自分の考えが伝わるように書き表し方を工夫すること。 エ　引用したり，図表やグラフなどを用いたりして，自分の考えが伝わるように書き表し方を工夫すること。	ウ　根拠を明確にしながら，自分の考えが伝わる文章になるように工夫すること。

　これらの指導は，現場の教師が最も苦手とするところともいえる。ともすると，「習った漢字を使って書きなさい」「構成に従って書きなさい」「分かりやすく書きなさい」といった程度の指示を与えるにとどまっている。特に「分かりやすく」という指示は，何をどう書けば分かりやすい文や文章になるのか，子供には伝わりにくい。「どう書けばよいのか分からない」という「書くこと嫌いの子供」を生むことにつながりやすい。

　低学年には，語と語が続いて文ができることや，文と文とのつながりによって文章ができることを丁寧に指導していかなくてはならない。「何がある・いる」「何がどうする（述部が動詞）」「何がなんだ（述部が名詞）」「何がどんなだ（述部が形容詞・形容動詞）」などの簡単な文づくりから徐々に修飾部のある文づくりへと時間をたっぷりかけて指導する。

　中学年では，自分の考えを説明するのに相手が納得する理由や具体的な事例を明確に記述することが求められる。「なぜなら」「たとえば」といった接続語，文の種類によって文末を敬体・常体のどちらかに統一して表記することなども，「分かりやすく書く」ための表現の工夫となる。

　高学年では，推測，伝聞，予想，仮説などを区別するための文末表現の工夫，目的や意図に応じて簡単に書いたり詳しく書いたりすることも指導する。説得力をもたせるために資料から引用したり，データを図表やグラフに加工して表現したりするなどの工夫もできるように指導することが求められる。

　それぞれの学年で求められる書くこと・考えの形成，記述力の育成には，〔知識及び技能〕の(1)言葉の特徴や使い方に関する事項(2)情報の扱い方に関する事項，さらに〔思考力，判断力，表現力等〕の「読むこと」との関連が不可欠である。豊かな語彙力，適切で確かな語彙力がなければ，表現の工夫に行きつかない。語彙の獲得には，「言葉に立ち止まる」経験が必要である。「おや？」と，思考の流れにひっかかった言葉を辞書で引いて確かめてみる習慣をつけたい。また，豊かな読書生活にいざなう教室環境の整備も充実させたい。語彙の獲得には，理路整然と筋道の通った文章，思わず引き込まれる魅力的な展開をもった文章，文字と文字のつながりや行間から具体的なイメージが湧き起こる文章との出合いが不可欠だからである。日常的な「書くこと指導」として，字数や使用する接続語などを指定した条件のもとで短文を書くような指導も効果的である。記述力は，あらゆる機会を使って育てることが大切である。

(4) 推敲

　推敲とは，文章を書いた後，字句をよくするために何度も練り直すことをいう故事成語である。記述した文章を読み返し，構成や書き表し方に着目して文や文章を整えることを示している。

　話し言葉と異なり，書いたものは見直すことが可能である。国語科の目標に「言葉による見方・考え方を働かせ」とある。推敲の学習過程で「この言葉でよかったか，この表現で読み手に正しく伝わるだろうか」と立ち止まって考える思考過程こそ「言葉による見方・考え方」を働かせる時間といえるであろう。ただ，自分で書いたものを自分で見直すのは，小学生にとっては難しいことである。したがって，次ページの表にあるような発達段階に応じた推敲の重点をしっかり把握し，子供同士による相互推敲や，教師による個人指導等を適宜取り入れて徐々に定着させることが必要である。

表4-6　推敲

第1学年及び第2学年	第3学年及び第4学年	第5学年及び第6学年	中学校第1学年
エ　文章を読み返す習慣を付けるとともに，間違いを正したり，語と語や文と文との続き方を確かめたりすること。	エ　間違いを正したり，相手や目的を意識した表現になっているかを確かめたりして，文や文章を整えること。	オ　文章全体の構成や書き表し方などに着目して，文や文章を整えること。	エ　読み手の立場に立って，表記や語句の用法，叙述の仕方などを確かめて，文章を整えること。

　低学年の時間的にゆとりのある段階で「読み返して」「間違いを正す」「文と文との続き方を考える」習慣を徹底的に付けることが大切である。そのためには，書いた文章を声に出して読むことを習慣付けたい。ただ，自分の文や文章は，思い込みで読み飛ばしたり，都合よく訂正して読んでしまったりしがちである。二人組や三人組で作品を交換して，または，グループの人数分だけコピーして音読し，聞き合う時間を確保するなどの手立てが必要となる。

　その際，推敲の観点，「目の付け所」を学級で共有しておくと効果的である。低学年なら，

・句読点。特に文末に句点「。」が付いているか。これは，文意識をもたせる意味からも大切な「目の付け所」である。読点「，」については，明確な約束事はない。読み間違いしやすいところに付ける，接続語の後に付ける，主語の後に付ける，引用の「と」の後に付ける，フレーズが長くなったとき息継ぎのために付ける等が考えられる。

・「は」「を」「へ」の間違いはないか。第1学年の1学期に学習する助詞の約束である。低学年のうちに確実な習得が必要である。くっつきの「は」「を」「へ」を取り立てて指導する傍ら，日常の文作成のときに気付かせる指導の繰り返しが大切。

・平仮名・片仮名・漢字の使い方。習った漢字を日常の文づくりに使ってみようという意欲をもたせるのも低学年の指導。低学年ほど「書くこと」に意欲を示す。この機を逃さず褒めながら，確実に推敲習慣を付けることが望ましい。中学年なら，

・主語と述語の照応。一文が長くなればなるほど，文の途中で主語が入れ替わっ

97

たり，不明になったりする確率が高くなる。分かりやすい文章とは，一文の短い文章であることを指導したい。複雑な文を書かせるためには，修飾・被修飾の関係をしっかり意識させることが必要である。

・低学年までの推敲観点の踏襲の上に，段落の作り方，引用文の書き方，敬体と常体の混用はないかなどを観点としたい。
　高学年では，
・低・中学年の学びの延長線上に立ち，細かな推敲というより文章全体に目配りした文章の整え方を考えさせたい。相手意識，目的意識，方法意識（文章の種類）なども考慮した推敲が望まれる。

(5) 共有

「書くこと」最後の学習過程である。2008（平成20）年版の学習指導要領解説国語では，推敲後のこの活動を「交流」として扱っていた。2017（平成29）年版では，「共有」となっている。下の二つの表を見て，その内容を比較してみよう。

表4-7　新旧解説から

2017（平成29）年版（新）	2008（平成20）年版（旧）
共有	交流
文章に対する感想や意見を伝え合い，自分の文章の内容や表現のよいところを見付けることを示している。	書いたものを発表し合い，交流することを示している。

表4-8　共有

第1学年及び第2学年	第3学年及び第4学年	第5学年及び第6学年	中学校第1学年
オ　文章に対する感想を伝え合い，自分の文章の内容や表現のよいところを見付けること。	オ　書こうとしたことが明確になっているかなど，文章に対する感想や意見を伝え合い，自分の文章のよいところを見付けること。	カ　文章全体の構成や展開が明確になっているかなど，文章に対する感想や意見を伝え合い，自分の文章のよいところを見付けること。	オ　根拠の明確さなどについて，読み手からの助言などを踏まえ，自分の文章のよい点や改善点を見いだすこと。

　明確な違いは，今回の改訂では，「よいところを見付ける」対象は，自分の文章（作品）であるところにある。お互いに見せ合ったり読み合ったりするだけではなく，「よいところ」を積極的に評価し合い，最終的には，自分の文章のよさの自覚まで促すところにあるのではないかと考える。よさを自覚するには，自分の文章作成において工夫の自覚が必要である。いわゆるアピールポイント，「私が工夫したのはここです」という互いの交流から，相互に自分に取り入れるところを共有していくという意図がこの改訂にはあるのではないかと考える。子供たちの自分の作品（書いたもの）への自信のなさや，愛着の薄さは，学校現場の嘆息の一つである。「書くこと」の学習過程のスタートから，自分の作品への思いをもたせながら，「書くこと」に対する抵抗感や，挫折感，不得意感を払拭し，存分に自己表現できる子供の資質・能力を育てたいものである。

(6) 言語活動例

　学習指導要領の構成をみると，〔思考力，判断力，表現力等〕B　書くことは，「(1)書くことに関する次の事項を身に付けることができるよう指導する」と「(2)(1)に示す事項については，例えば，次のような言語活動を通して指導するものとする」の2段階に分けて示されている。いわゆる「言語活動例」である（次ページの表を参照）。

　この内容を受けて，教科書には具体的な言語活動が示されている。あくまでも「この時期」「このねらい」なら，「この教材の特色」を使って「こんな言語活動」ができますという提示にすぎない。ただ，教材の配列や，学年間の既習事項，学習体験を考慮した提示になっているので，無難に使えるのは確かである。しかし，ここで必要なのは，目の前の児童の実態の正確な理解である。「この子供たち」ならという観点を抜きにして，やみくもに教科書通り，教科書に載っているからという理由だけで言語活動を決めることは推奨しない。

　学校全体の教育計画や，学力調査から見えてきた児童の「書くこと」に対する意識や能力の実態をしっかり考えたうえで，活動を提示したいものである。

　アは，各学年とも説明的文章を書く活動である。つまり論理的な文章表現力の育成に関わる活動が組まれている。報告文・観察記録文・説明文・意見文といった文種が示されている。ただ事実を淡々と書くだけではなく，そうした事象に対する自分の思いや考え，読み手に伝えたいことを「私は〜と考えた」といった自分視点を入れて書くことが，今回（2017（平成29）年版）では強調

されている。

　イは，低学年と中学年では，手紙文の系列である。特に中学年では，目的の明確な手紙文の作成が提示されている。学校生活という実の場を活用して，案内状・礼状といった日常生活で必要な書き方を身に付けさせる活動である。高学年にはこの系列はない。中学年までにしっかりと常識化させておくことが求められている。低学年・中学年のウと高学年のイは，書くことの中で想像力を伸ばす言語活動である。物語や詩などをその対象にしている。高学年になると，短詩や定型詩，伝統的な言語文化としての短歌や俳句もその対象としている。高学年のウは，「自分にとっての意味」を書く，いわば2008（平成20）年版の随筆のような系列である。ここでも，「自分」を見つめなおすことが求められている。

表4-9

第1学年及び第2学年	第3学年及び第4学年	第5学年及び第6学年
ア　身近なことや経験したことを報告したり，観察したことを記録したりするなど，見聞きしたことを書く活動。 イ　日記や手紙を書くなど，思ったことや伝えたいことを書く活動。 ウ　簡単な物語をつくるなど，感じたことや想像したことを書く活動。	ア　調べたことをまとめて報告するなど，事実やそれを基に考えたことを書く活動。 イ　行事の案内やお礼の文章を書くなど，伝えたいことを手紙に書く活動。 ウ　詩や物語をつくるなど，感じたことや想像したことを書く活動。	ア　事象を説明したり意見を述べたりするなど，考えたことや伝えたいことを書く活動。 イ　短歌や俳句をつくるなど，感じたことや想像したことを書く活動。 ウ　事実や経験を基に，感じたり考えたりしたことや自分にとっての意味について文章に書く活動。

第3節　読むこと—説明的文章

　説明的な文章を教材として読むことは，「生きる力」を身に付ける重要な意義がある。事実を論理的に表現している文章を読み，必要な情報や生活に役立つ知識を得ることができる。また，言語の習得を通し，論理的思考力や表現力を身に付けることにより，人と関わるコミュニケーションの素地を育むことにもつながる。

1.　説明的な文章を読むことの意義

　説明的な文章とは，事象や事実を客観的に説明し，事実，事象に対する筆者の考えや主張を述べた，意見，評論，論説の文章である。小学校で，記録・報告，説明・解説の文章を，中学校・高等学校で，論説・評論を学ぶ。

　記録・報告は，事実を客観的に伝える文章で，出来事，観察，実験などの事実や結果を述べた文章である。説明・解説は，自然，科学，社会などの事象について専門的立場から論理的に述べられた文章である。

　説明的な文章を読むことは，情報の内容を身に付けるとともに，筆者の考えや構図を捉え，論理をたどって理解する力や思考力を育成することにつながる。また，論理的な表現形式を学ぶこともできる。

　学習指導要領では，「説明的な文章」という言葉が使われているが，「説明文」と同義ではない。「説明的な文章」の中の一つに「説明文」があると捉えるのがよい。

　授業では，発達に応じて児童の知的好奇心を掘り起こし，論理的な展開を追って情報内容に関心をもたせ，生活に役立つ情報を収集する喜びや，学び方を培っていく教材と指導が必要である。

　情報化社会の急激な進展の中，国際人として活躍できる児童の育成を目指すためにも，説明的な文章を読むことで身に付けられる情報収集力（情報の取り出し，解釈，活用能力等）育成は，欠かせない。

(1) 未知を読み解く力

　説明的な文章を読むことは，「未知」を読み解くことであり，「何」が「どうして」，「どのようにか」について重点を置くものである。

事物の①本質，②特徴，③種類の説明
事物の①起源，②原因，③理由の説明
事物の①順序，②段階，③方法，④過程の説明
についての疑問を読み解いていく。

（2）思考力，判断力の育成

　説明的な文章の読みは，読み取った事実から各々で考え，知的能力を育てていく。書かれた文章を正しく読み，その内容，事象を詳細に理解していく力が求められる。生活科，総合的な学習の時間，社会科，理科をはじめとする他教科を支える力を育てることが大きなねらいとなる。

（3）文章を正しく速く読む力を付けさせる

　国語科では，参考図書や新聞，説明文を教材として取り上げて，内容理解をさせる。
①文章の構成や内容の大体をつかんで読む。
②重要な文や語句を押さえる。
③目的に応じて詳しい情報を読む。
④速読する。
⑤要点を抜き書きする。
⑥段落の相互の関係を結び付けて読む。
⑦筆者の意図や主張を捉えて読む。
などを学習のねらいとする。

（4）文章表現力の育成

　説明文は，内容の論理を追って順序よく分かりやすく書かれた文章である。簡単な文章を読み，自分の表現力として身に付けることもねらいの一つとなる。見出し，段落の形式，根拠の示し方や事実のまとめ方を参考にし，レポートや報告書，説明文などを書く際の表現に生かすことができる。

2．説明的な文章を読むことの指導内容

　今回の学習指導要領で，「読むこと」の学習過程が示された。単元を通して指導過程を意識し，言語活動を通して児童に付けさせたい力を確実に育成する

ことが大切である。指導法を決める場合は，

①児童に付けさせたい資質・能力を明確にする。

②学習指導要領から重点を置く指導事項を選び出す。

③単元を通して指導するうえで適切な言語活動を考える。

という流れを基本に考えていくとよい。

　国語科指導における読むことの指導内容は，本書第2章第3節で学習指導要領に沿って紹介している。ここでは，より具体的にそれぞれの学習過程における指導法について述べていく。

　読むことの学習過程は以下の四つの過程に編成された。

・構造と内容の把握

・精査・解釈

・考えの形成

・共有

　読むことは「構造と内容の把握」から学習過程が明示されている。話題や題材の設定は明示されていないが，学習課題の設定や読書活動を加えて，学習過程（学習過程）を考えておくことも必要である。

　また，言語活動例に示されている内容をみると，読む活動と表現する活動がセットになって示されている。これは，単元全体を見通した課題に基づき，言語活動を意図的に設定していくことが大切であることを示している。知識及び技能の項目にある「読書」や「音読」，「情報の整理」などと結び付けて指導する必要がある。

（1）構造と内容の把握

　「構造と内容の把握」とは，説明的な文章を読み，叙述に基づいて文章の構成や内容を大づかみに把握することである。これまで段落ごとに詳細に読み取る授業を行うことで，児童の教材に関する興味・関心が薄れてくる傾向があった。この学習過程では，文章全体を叙述（使われている言葉・文・文章）に沿って読み，どんなテーマ・題材で，どのように論じられ，結論付けられているのか，その文章構成と内容の大体をつかませることである。そして，次のステップである文章の精査・解釈につなげていくことになる。段落ごとの詳細な読みを行うのではなく，全体を大づかみに読むことから始めるという学習過程が今回の特徴でもある。

　説明的な文章の構成は,「序論（初め）・本論（中）・結論（終わり）」の形式をもつ。そして, 本論には具体的事象, 現象の記述が含まれ, 複数の段落で構成されている。

　第1学年の説明文では,「問い」の後, すぐにその「答え」がある単純な構成の文章を学ぶ。第2学年では問いと答えの間に簡単な具体例が書かれている文章を読む。第3学年・第4学年ではこの具体例が複数になったり, 複雑になったりする。しかし, 基本的な文章構成は同じであることに気付かせたい。

　第1学年・第2学年では,「内容の大体を捉えること」が示されている。

　光村図書出版の教科書第1学年・第2学年を例にとると,「くちばし」（1年上）,「じどう車くらべ」（1年下）で,「問い」と「答え」の単純な構成を知る。説明の順序に気を付けて, 音読させることが大事である。「どうぶつの赤ちゃん」（1年下）では内容を比べて読むことを学ぶが, 課題設定に向け, 初めて知ったことや疑問に思ったことを話し合わせるとよい。「たんぽぽのちえ」（2年上）では時間や順序を表す言葉に気を付けて読ませ,「馬のおもちゃの作り方」（2年下）では文章のまとまり（段落意識）を確かめさせる。

　第3学年・第4学年では,「考えとそれを支える理由や事例との関係などについて捉えること」が示されている。

　「こまを楽しむ」（3年上）,「すがたをかえる大豆」（3年下）では,「初め」「中」「終わり」の構成や段落意識を学ばせる。「アップとルーズで伝える」（4年上）,「世界にほこる和紙」（4年下）では筆者の考えが「初め」と「終わり」に書かれていることが多いことを知り, 要約することを学ぶ。

　第5学年・第6学年では「文章全体の構成を捉えて要旨を把握すること」を示している。ここでは, 要旨を把握する力を付けさせたい。要旨とは,「書き手が文章で取り上げている内容の中心となる事柄や, 書き手の考えの中心となる事柄」である。要旨は文章の最後に書かれているなどと安易に教えるのではないということである。事実と感想, 意見などの関係を押さえたうえで, 文章全体の構成を捉え, 要旨を把握する力を確実に身に付けさせたい。

　〔知識及び技能〕の（1）カの「語や文章の構成や展開」と関連付けて指導することが求められている。

　「言葉の意味が分かること」（5年）では，「初め」や「終わり」に書かれている筆者の考えから，要旨を捉えることを学ばせる。「時計の時間と心の時間」（6年）では，文章全体の構成を捉え，筆者の考えがどの段落に書かれているのかに気付かせる。

　これらの指導事項に関して身に付けさせたい資質・能力は，学習指導要領第2　各学年の目標及び内容〔思考力，判断力，表現力等〕C領域（1）アに示されている。

表4-10　構造と内容の把握（説明的な文章）

第1学年及び第2学年	第3学年及び第4学年	第5学年及び第6学年	中学校第1学年
ア　時間的な順序や事柄の順序などを考えながら，内容の大体を捉えること。	ア　段落相互の関係に着目しながら，考えとそれを支える理由や事例との関係などについて，叙述を基に捉えること。	ア　事実と感想，意見などとの関係を叙述を基に押さえ，文章全体の構成を捉えて要旨を把握すること。	ア　文章の中心的な部分と付加的な部分，事実と意見との関係などについて叙述を基に捉え，要旨を把握すること。

（2）精査・解釈

　構成や叙述などに基づいて，文章の内容や形式について，精査・解釈する学習過程である。

　学習指導要領解説では，「精査・解釈」とは，「文章の内容や形式に着目して読み，目的に応じて必要な情報を見付けることや，書かれていること，あるいは書かれていないことについて，具体的に想像することなどである」と示されている。今回の改訂で「解釈」から「精査・解釈」となっている。「解釈」とは文や文章に書かれた内容を理解し，意味付けることであるが，これに「精査」が加わった。それは詳細な読みをするというのではなく，読者が積極的に「内容や形式に着目する」，「情報を見付ける」，「想像する」といった活動を行い，次の学習過程の「考えの形成」や「共有」につなげていくことである。

　第1学年・第2学年では，「文章の中の重要な語や文を考えて選び出すこと」が示されている。書き手が述べている事柄を正確に捉えるために，時間や事柄の順序に関わる語や文を見付けることができるようにする。「書き手が伝えた

いこと」「自分が知りたいこと」を意識しながら，文章の中からキーワードを見付け，ラインを引いたり書き出したりする作業をさせることが必要である。

「どうぶつの赤ちゃん」（1年下）では，事例を比べて読むことで違いに気付かせるようにしたい。簡単な表にまとめさせるとよい。「たんぽぽのちえ」（2年上）では，時間や順序を表す言葉に着目させ，内容を詳しく読ませる。「おにごっこ」（2年下）では，大事な言葉や文を見付けながら読ませるとよい。

第3学年・第4学年では，「中心となる語や文を見付けて要約すること」が示されている。ここでは，要約することができる力を付けさせることが大切である。そのためには，内容の中心となる語や文を選んで，文章の内容を短くまとめる学習を行わせる。元の文章の構成や表現をそのまま生かしたり，自分の言葉で表現したり，様々な方法で要約する学習を行うことが大切である。同じ文章を取り出し，教師の例示を示すなど，要約の仕方を丁寧に教えることが必要である。今回の改訂で，要約の仕方は「考えの形成」ではなく，「精査・解釈」の学習過程で指導することになった。

「こまを楽しむ」（3年上）では，それぞれの段落を音読しながら，中心となる語句や文を確かめ，ノートに整理させることで，段落とその中心を捉えさせる。「ありの行列」（3年下）では，重要な段落や大事な言葉や文を見付けて，要約させる。「アップとルーズで伝える」（4年上）では，大事な言葉や文が何かを考えることを通して，筆者の考えを捉えさせる。

第5学年・第6学年では「必要な情報を見付けたり，論の進め方について考えたりすること」を示している。

必要な情報は目的に応じて変わる。「書き手の述べたいことを知るのか」，「読み手の知りたいことを探すのか」，「自分の表現のために読むのか」など，読む目的を明確にしたうえで，取り組むことが大切である。

書き手の考えを適切に伝えるために「どのように論じているのか」，「どのような理由や事例を効果的に用いて説得しているか」に着目して読み取らせたい。また，図表やグラフ，写真や挿絵などを含む文章では，文章と図表などを結び付けて読ませたい。(2)情報の扱い方に関する事項イ「情報と情報との関係付けの仕方」「図などによる語句と語句との関係の表し方」などとの関連を図るようにするとよい。

「固有種が教えてくれること」（5年）では，図表などの効果を筆者と読み手の立場から考えさせる。図表と文章とを対比させて読ませるようにしたい。「時

計の時間と心の時間」(6年)では，事例の提示と筆者の主張との関係に着目させ，その意図を考えさせる。

表4-11　精査・解釈

第1学年及び第2学年	第3学年及び第4学年	第5学年及び第6学年	中学校第1学年
ウ　文章の中の重要な語や文を考えて選び出すこと。	ウ　目的を意識して，中心となる語や文を見付けて要約すること。	ウ　目的に応じて，文章と図表などを結び付けるなどして必要な情報を見付けたり，論の進め方について考えたりすること。	ウ　目的に応じて必要な情報に着目して要約したり（…）して，内容を解釈すること。 エ　文章の構成や展開，表現の効果について，根拠を明確にして考えること。

(3) 考えの形成（文学的な文章と共通）

　説明的な文章を読んで理解したことに基づき，自分の考えを形成する学習過程である。

　学習指導要領解説では，「考えの形成」とは，「文章の構造と内容を捉え，精査・解釈することを通して理解したことに基づいて，自分の既有の知識や様々な体験と結び付けて感想をもったり考えをまとめたりしていくことである。」と説明されている。今回の改訂で，「考えの形成」と「共有」とに分けられている。「考えの形成」に力を入れていくことの大切さを示している。

　ここでは，文章を読んで，感想や考えをもったりまとめたりする学習活動を積極的に取り入れていく。感想や考えは発表したり，話し合ったり，文章にまとめたりしてもよい。

　第1学年・第2学年では，「文章の内容と自分の体験とを結び付けて，感想をもつこと」が示されている。低学年は，自分の経験と結び付けて解釈し，理解を深めさせることが大切である。文章の内容と自分の体験を比較させ結び付けさせる。体験は一人一人違っているであろうが，多くの体験を想起させ，感想をもたせるように指導法を工夫したい。

　「どうぶつの赤ちゃん」(1年下)では，動物の赤ちゃんの様子の違いに興味

をもち読み進め，自分の体験と結び付けて感想を述べさせるようにする。「どうぶつ園のじゅうい」（2年上）では，身の回りのことと比べて，考えたことをノートにまとめさせるとよい。

第3学年・第4学年では，「文章を読んで理解したことに基づいて，感想や考えをもつこと」が示されている。文章の内容の理解だけでなく，理解したことに基づいて感想や考えをもつことの大切さを示している。自分の体験や既習内容と結び付けたり，疑問点やさらに知りたいことを見付けさせたりしたい。この指導過程（学習過程）で表現される感想や考えは前段階までの指導過程（学習過程）の学びが生かされる。したがって「構造と内容の把握」「精査・解釈」に関する指導事項とも関連を図るようにしたい。

「ありの行列」（3年下）では，読んだ感想（引き付けられたことやもっと知りたいことなど）を短い文章（200字程度）にまとめさせる。書かれていることと知っていることを結び付けさせる。「ウナギのなぞを追って」（4年下）では，筆者の調査についての感想を述べさせる。図表の効果などに着目させるとよい。「世界にほこる和紙」（4年下）では，中心となる語や文を使って，短い文章（200字程度）で文章全体を要約させる。

第5学年・第6学年では「文章を読んで理解したことに基づいて，自分の考えをまとめること」を示している。感想や考えをもつことに加え，まとめることが要求されている。文章を読んで理解したことについて，既有の知識や理解した内容と結び付け，自分の考えをまとめることができるように指導する。

「想像力のスイッチを入れよう」（5年）や「メディアと人間社会」（6年）では，考えをまとめる観点（①共感したこと，疑問に思ったこと②自分の知識や経験などを基に③自分がすべきこと）を明確にしてまとめさせるようにしたい。

発達段階に応じて小学校で行った指導が，中学校第1学年では，「考えを確かなものにすること」につながっていく。

考えを形成するために教師は教材研究を行い，どのような場面で，どのような形で表現させるかを考えて授業に取り組みたい。例えば，教材文を読んで，感想や考えがどのように変わったのか，どのような疑問が残ったのか，これから調べたいことなどを考え，まとめることができるワークシートやノートの工夫などを常に準備しておきたい。

「考えの形成」は今回の学習指導要領では，重点が置かれている。自分の考えをもたせるための指導法の工夫を十分に行う必要がある。

①一人一人の異なった多様な考えを引き出す発問の工夫
②根拠を明らかにして，考えや意見を表現する学習活動
③少人数での話合いを重視し，思考を深める学習活動
④「書くこと」を通して，考える時間を十分に取る学習過程
⑤主体的に学ぶために学校図書館を活用し，課題を調べる活動
⑥体験，経験を生かし，学習意欲を引き出す学習課題の工夫
⑦振り返りや自己評価を重視
⑧実生活に生きる力を育む活動
⑨身近な事柄から課題をもち，調べたり読んだりする発展的学習指導

表4-12　考えの形成

第1学年及び第2学年	第3学年及び第4学年	第5学年及び第6学年	中学校第1学年
オ　文章の内容と自分の体験とを結び付けて，感想をもつこと。	オ　文章を読んで理解したことに基づいて，感想や考えをもつこと。	オ　文章を読んで理解したことに基づいて，自分の考えをまとめること。	オ　文章を読んで理解したことに基づいて，自分の考えを確かなものにすること。

(4) 共有（文学的な文章と共通）

　学習指導要領解説では，「共有」とは，「文章を読んで形成してきた自分の考えを表現し，互いの考えを認め合ったり，比較して違いに気付いたりすることを通して，自分の考えを広げていくことである。」とある。今回の改訂で，「交流」から「共有」となった。「共有」とは，話合い活動だけでなく，読み合ったり発表したり様々な活動が考えられる。活動を行うことで自分の考えが深まったり広がったりすることが重要なのである。また，「共有」は，学習過程の最後だけではなく，途中の指導過程（学習過程）でも取り入れていくことが大切である。

　第1学年・第2学年では，「文章を読んで感じたことや分かったことを共有すること」が示されている。これまでの学習を通して「おもしろいな」「なるほど」と感じたり気付いたりしたことを互いに共有し合うことが求められている。「共有」するとは，互いの思いを分かち合ったり，感じ方や考え方を認め合ったり

することである。授業では，感想を書いて読み合ったり発表し合ったりする言語活動を効果的に取り入れていくことが大切である。互いの感じ方のよさを認め合う雰囲気を工夫したり場所の設定を工夫したりすることが必要である。

「どうぶつの赤ちゃん」（1年下）では，他の動物の赤ちゃんの本を読んで分かったことを友達に知らせる活動を行う。「どうぶつ園のじゅうい」（2年上）では，考えたことや気付いたことを，グループで話し合う活動を行う。友達や先生に進んで考えを伝えられるように，話し合うテーマやグループの人数などを工夫されたい。

第3学年・第4学年では，「文章を読んで感じたことや考えたことを共有し，一人一人の感じ方などに違いがあることに気付くこと」が示されている。感想や考えは，注目する文章や結び付けて読んだ内容によって一人一人の違いが出てくる。これを共有し，その感じ方に違いがあることに気付き，友達の考えのよさにも目を向けさせたい。

「ありの行列」（3年下）では，自分の考えと同じところや違うところに着目させ，気付かせる。「ウナギのなぞを追って」（4年下）では，考え方の違いやよさとは何かを考えさせたい。

第5学年・第6学年では「文章を読んでまとめた意見や感想を共有し，自分の考えを広げること」を示している。文章を読んでまとめたことを互いに共有し合うことで自分の考えを広げたり，違いを明確にしたりする。互いの考えのよさを認め合うことも大切にしたい。

「想像力のスイッチを入れよう」（5年）では，伝え合いが，感じ方の違いを明らかにし，新たなものの見方や考え方に出合えるよさを感じ取らせよう。「メディアと人間社会」「大切な人と深くつながるために」（6年）では複数の説明文を読み，考えたことを交流する。話し合うことで考えが広がったり深まったりすることを自覚させることが大切である。交流の手順や視点を明確にして取り組みたい。

今回の改訂で，「共有」という学習過程になったことは，これまでの「交流」とどのように違うのか。自分の考えを友達と交流する活動のみで終わらないことが大切だからである。自分の考えをしっかりもち，よさを認め合ったり，その違いに気付いたりしたことを，自分の考えの形成に生かしていこうとする学びにつなげる必要がある。考えを広げたり深めたりすることが目的である。

話合いや読み合い活動を行う前に，自分で考える時間を取り，最後にもう一

度自分の考えをまとめる時間を取るところまでが共有であると考えて指導にあたりたい。

表4-13　共有

第1学年及び第2学年	第3学年及び第4学年	第5学年及び第6学年
カ　文章を読んで感じたことや分かったことを共有すること。	カ　文章を読んで感じたことや考えたことを共有し，一人一人の感じ方などに違いがあることに気付くこと。	カ　文章を読んでまとめた意見や感想を共有し，自分の考えを広げること。

(5) 言語活動例

　学習指導要領の構成では，〔思考力，判断力，表現力等〕C　読むことは，「(1) 読むことに関する次の事項を身に付けることができるよう指導する」「(2) (1) に示す事項については，例えば，次のような言語活動を通して指導するものとする」の2段階に分けて示されている。(2) には，ア説明的な文章を読むこと，イ文学的な文章を読むこと，ウ情報を得て活用する言語活動がそれぞれ示されている。説明的な文章を読むことの言語活動例はアとウが該当する。

　あくまでも例であるので，児童の実態や年間の指導計画，他教科との関連などを考慮して工夫して取り組むことが大切である。

表4-14　言語活動例

第1学年及び第2学年	第3学年及び第4学年	第5学年及び第6学年	中学校第1学年
ア　事物の仕組みを説明した文章などを読み，分かったことや考えたことを述べる活動。 ウ　学校図書館などを利用し，図鑑や科学的なことについて書いた本などを読み，分かったことなどを説明す	ア　記録や報告などの文章を読み，文章の一部を引用して，分かったことや考えたことを説明したり，意見を述べたりする活動。 ウ　学校図書館などを利用し，事典や図鑑などから情報を得て，分かった	ア　説明や解説などの文章を比較するなどして読み，分かったことや考えたことを，話し合ったり文章にまとめたりする活動。 ウ　学校図書館などを利用し，複数の本や新聞などを活用して，調べたり	ア　説明や記録などの文章を読み，理解したことや考えたことを報告したり文章にまとめたりする活動。 ウ　学校図書館などを利用し，多様な情報を得て，考えたことなどを報告したり資料にまと

る活動。	ことなどをまとめて説明する活動。	考えたりしたことを報告する活動。	めたりする活動。

（6）説明的な文章における具体的な指導
①音読，黙読
　音読は，教師が読む範読，学級全体で読む一斉読，代表に読ませる指名読み，順番に読ませる輪読などがある。いずれの場合も，ねらいに即して読ませていく。
②サイドライン法による読解
　サイドラインは，重要語句や調べたい事柄について箇所を限定してラインを引かせる。広範囲にサイドラインを引かせると，重要語句の捉え方があいまいになる。語句の意味を理解し，文章の意味を捉えさせていく。事前に「語句の意味一覧」を作成すると効果的である。
③段落の見出しとまとめ
　短冊のカードを準備し，段落ごとの内容をまとめ，小見出しを付ける。短い語でまとめるか，体言止めで表すようにする。段落の概要をカード裏面にまとめる。書き上げたカードを友達と交換して読み合う。参考になることや友達のコメントを自分のカードの裏に書きこむ。参考になるカードを取り上げて全体指導に生かす。段落順に詳細な読みを行うのではなく，必要に応じ目的のある学習であることが大切である。
④要旨のまとめ
　段落カードを見ながら，要旨をまとめる。段落カードの文をそのままつなげるのではなく，重要なことを簡潔にまとめるようにする。
⑤筆者の考えをまとめ，感想・意見を書く
　筆者の意図や主張を捉え，自分の感想や考えをシートにまとめる。学級全体で話し合い，考えを深める。友達のシートを読み，自分の感想を付箋に書いて伝え，考えを交流する。
⑥他の図書や資料について調べてまとめる
　発展として，教材に関するテーマやジャンルについて図表や資料を読み広げる。また調べたことをまとめて発表の場を設ける。
⑦情報の扱い方
　情報の扱い方とは，情報の内容を取捨選択・分類整理することである。学

習指導要領解説では，「話や文章に含まれている情報を取り出して整理したり，
その関係を捉えたりすることが，話や文章を正確に理解することにつながり，
また，自分のもつ情報を整理して，その関係を分かりやすく明確にすることが，
話や文章で適切に表現することにつながるため，このような情報の扱い方に関
する『知識及び技能』は国語科において育成すべき重要な資質・能力の一つで
ある」と説明されている。

　「情報と情報との関係」で示された内容は，主に説明的な文章の中で指導し，
「情報の整理」は取り出して指導することになる。

　光村図書出版の教科書では「情報」という項目が各学年の教科書に配置され
ている。

　第2学年では，「じゅんじょ」「メモをとるとき」「本でのしらべ方」が取り
上げられている。

　第3学年では，「分ける・くらべる」「全体と中心」「引用するとき」「科学読
み物での調べ方」，第4学年では「分ける・くらべる」「考えと例」「要約するとき」
「百科事典での調べ方」が取り上げられている。

　第5学年では，「つなげる・広げる」「原因と結果」「目的に応じて引用するとき」
「統計資料の読み方」を，第6学年では，「ものの考え方，伝え方」「主張と事例」「情
報と情報をつなげて伝えるとき」「調べた情報の用い方」が取り上げられている。

第4節　読むこと―文学的文章

　国語で正確に理解し適切に表現する資質・能力を養うことが国語科の目標に
ある。文学的な文章の読みにおいては，人物の行動や会話などから気持ちの変
化や性格をつかんだり，情景を具体的に想像したりしながら，豊かに読み取る
ことが大切である。そして，読むことによって得た自分の考えをまとめて発表
したり，考えを共有したりして思いや考えを広げたり深めたりするとともに，
一人一人の読書生活を高めていくようにすることが大切である。

1. 文学的な文章を読むことの意義

　文学的な文章は範囲が大変広く，文学，物語，民話，詩，俳句，和歌，古典，
随筆，脚本，戯曲などがある。

　国語科の「読むこと」の学習指導において，文学的な文章を指導する意義は，言語表現の方法や表現構成，言語としての芸術性，感動性などの表現の機能に気付き，味わうことにある。したがって，文学的な文章を読むときには，言葉や表現を正しく読むことはもちろんであるが，表現の内側にある人物の感情や心理描写や関わり合い，情景描写などを想像力や直観力を働かせながら読み取ることになる。また，描かれている生き方にも触れ，感じたことを友達と共有し，文学的な文章を読む楽しさも味わわせたい。授業で学んだ教材の理解だけではなく，文学的な文章の汎用的な読み方を身に付けさせることが重要である。そして，読書が好きになり，読書生活が高まるように指導することも大切である。

①描かれている人生のありように気付き，意見をもつ。

②描かれている美しさやその意味などを味わう。

③理解や鑑賞を通して言語事項を身に付ける。

④文学的な文章の読み方を身に付ける。

⑤他の文学的な文章を進んで読む。

2. 文学的な文章を読むことの指導内容

　今回の学習指導要領で，「読むこと」の指導過程（学習過程）が示された。単元を通して学習過程を意識し，言語活動を通して児童に付けさせたい力を確実に育成することが大切である。

　国語科指導における読むことの指導内容は，第2章第2節で学習指導要領に沿って紹介している。ここでは，より具体的にそれぞれの指導過程（学習過程）における指導法について述べていく。

　読むことの学習過程は以下の四つの過程に編成された。

・構造と内容の把握

・精査・解釈

・考えの形成

・共有

　読むことは「構造と内容の把握」から指導過程が明示されている。話題や題材の設定は明示されていないが，学習目標の設定や読書活動を加えて，学習過程を想定しておくことも必要である。

　また，言語活動例に示されている内容をみると，読む活動と表現する活動がセットになって示されている。これは，単元全体を見通した課題に基づき，言

語活動を意図的に設定していくことが大切であることを示している。知識及び技能の項目にある「読書」や「音読」，「情報の整理」などと結び付けて指導する必要がある。（再掲）

(1) 構造と内容の把握

　「構造と内容の把握」とは，文学的な文章を読み，叙述に基づいて文章の構成や展開を捉えたり，内容を理解したりすることである。これまで場面ごとに詳細に読み取る授業を行うことで，児童の教材に関する興味・関心が薄れてくる傾向があった。この指導過程（学習過程）では，文章全体を叙述（使われている言葉・文・文章）に沿って読み，内容の大体をつかませることが大切である。大づかみに物語の構造と内容をつかむところからスタートし，課題に応じて精査・解釈の指導過程（学習過程）に進んでいくという授業スタイルを意識していくことが大切である。

　第1学年・第2学年では，「場面の様子や登場人物の行動など，内容の大体を捉えること」が示されている。

　「内容の大体を捉えること」とは，場面の様子や登場人物の行動，会話などを手掛かりとしながら，物語の登場人物や主な出来事，結末などを大づかみに捉えることである。本の題名や挿絵なども手掛かりにしながら，「誰が」，「どうして」，「どうなったか」などを把握させることを繰り返し，物語全体の内容を正確に理解させていく。音読や読み聞かせは有効である。

　光村図書出版の教科書第1学年・第2学年を例にとると，「おおきなかぶ」（1年上）では動作化をしながら声を出して読ませ，「くじらぐも」（1年下）では，会話を声に出して読ませたり，様子を思い浮かべながら読ませたりし，内容の大体を捉えるようにしたい。「スイミー」（2年上）では，人物の行動や出来事を中心に短い文章であらすじをまとめさせる。

　第3学年・第4学年では，「登場人物の行動や気持ちなどについて，叙述を基に捉えること」が示されている。登場人物の気持ちを，行動や会話，地の文などの叙述を基に物語全体を通して捉えさせることが重要である。

　「ちいちゃんのかげおくり」（3年下）では，行動や様子を表す言葉に着目させる。「プラタナスの木」（4年下）では，場面を意識して様子や出来事を確かめさせ，話の内容を捉えさせる。題名から内容を想像させたり，話の組立てを

捉えて読ませたりしたい。

　第5学年・第6学年では「登場人物の相互関係や心情などについて，描写を基に捉えること」を示している。ここでは，描写に着目しながら読み進めていくことが重要である。登場人物の心情は，直接的に描写される場合もあるが，登場人物相互の関係に基づいた行動や会話，情景などを通して暗示的に表現されている場合もある。このような表現の仕方に注意しながら，想像を豊かにしながら読ませていくことが大切である。

　〔知識及び技能〕の（1）クの「表現の技法」「音読，朗読」と関連付けて指導することも大切である。

　「なまえつけてよ」(5年）では，会話や行動などを抜き出し，心情を想像させる。「帰り道」（6年）では，視点の違いに着目して人物像を捉えさせる。

　これらの指導事項に関して身に付けさせたい資質・能力は，学習指導要領第2　各学年の目標及び内容〔思考力，判断力，表現力等〕C領域（1）イに示されている。

表4-15　構造と内容の把握（文学的な文章）

第1学年及び第2学年	第3学年及び第4学年	第5学年及び第6学年	中学校第1学年
イ　場面の様子や登場人物の行動など，内容の大体を捉えること。	イ　登場人物の行動や気持ちなどについて，叙述を基に捉えること。	イ　登場人物の相互関係や心情などについて，描写を基に捉えること。	イ　場面の展開や登場人物の相互関係，心情の変化などについて，描写を基に捉えること。

(2) 精査・解釈

　構成や叙述などに基づいて，文章の内容や形式について，精査・解釈する学習過程である。

　学習指導要領解説では，「精査・解釈」とは，「文章の内容や形式に着目して読み，目的に応じて必要な情報を見付けることや，書かれていること，あるいは書かれていないことについて，具体的に想像することなどである」と示されている。今回の改訂で「解釈」から「精査・解釈」となっている。「解釈」とは文や文章に書かれた内容を理解し，意味付けることであるが，これに「精査」が加わっ

た。それは詳細な読みをするというのではなく，読者が積極的に「内容や形式に着目する」，「情報を見付ける」，「想像する」といった活動を行い，次の学習過程の「考えの形成」や「共有」につなげていくことである。（再掲）

　第1学年・第2学年では，「場面の様子に着目して，登場人物の行動を具体的に想像すること」が示されている。イの指導事項で内容の大体を捉えたことを基に，場面の様子に着目して，登場人物の行動や会話について，「何を話したのか」，「なぜしたのか」などを具体的に思い描きながら，その世界を豊かに想像することが大切である。場面には時間や場所，風景，登場人物などの様子が変化して描かれている。叙述を基に「何をしたのか」，「どのような表情・口調・様子だったのか」など具体的に想像させることが大切である。また，その理由を述べさせるようにする。国語科は常に叙述と結び付けることが重要である。語のまとまりや言葉の響きなどに気を付けて音読させたい。

　「くじらぐも」（1年下）では，人物の行動や会話を，「お手紙」（2年下）では，行動や様子を思い浮かべながら読ませる。叙述を基に具体的に気持ちを考えさせることが大切である。読み取ったことを生かして音読させるとよい。

　第3学年・第4学年では，「登場人物の気持ちの変化や性格，情景について，場面の移り変わりと結び付けて具体的に想像すること」が示されている。場面の移り変わりとともに描かれている登場人物の気持ちがどのように変化しているのかを具体的に思い描くようにしたい。複数の場面の叙述と結び付けながら多様に想像を広げて読むことができる。登場人物の性格は，その境遇や状況を把握し，物語全体に描かれた行動や会話に関わる叙述を結び付けて読んだり，複数の叙述を根拠にして読んだりすることが大切である。情景には，登場人物の気持ちが表れていることが多いので，登場人物の気持ちと併せて考えていくようにするとよい。

　これまでよく行われていた場面ごとの詳細な読み取りではなく，場面と場面を結び付けたり，物語全体を通して読んだりしながら，登場人物の気持ちを読み取ることが大切になってくる。

　「モチモチの木」（3年下）では，「豆太」と「じさま」など人物の行動や会話，様子を確かめ，性格や気持ちを想像させる。「ごんぎつね」（4年下）では，情景や場面の様子が目に浮かぶような表現を見付け，想像させる。「ごん」や「兵十」の気持ちの変化を叙述を基に豊かに想像させたい。

　第5学年・第6学年では「人物像や物語などの全体像を具体的に想像したり，

表現の効果を考えたりすること」を示している。

　登場人物の相互関係などを手掛かりに，その人物像や物語などの全体像を具体的に思い描くことや，優れた叙述に着目しながら様々な表現の効果について考えることを示している。人物像を想像するために，その行動や会話，様子などを表している複数の叙述を結び付け，それらを基に性格や考え方などを総合して判断することが必要である。イの指導事項で捉えた性格や心情を踏まえ，物語などの展開と結び付けながら読んでいくことが重要である。

　何が書かれているかだけでなく，どのように描かれているかという表現面にも着目し，物語の全体像を具体的にイメージすることにつなげる。

　表現の効果を考えるとは，想像した人物像や全体像と関わらせながら，様々な表現が読み手に与える効果について自分の考えを明らかにしていくことである。感動やユーモアなどを生み出す優れた叙述，暗示性の高い表現，メッセージや題材を意識させる表現などに着目しながら読むことが重要である。

　（1）表現の技法ク「比喩や反復などの表現の工夫に気付くこと」など表現の技法にも着目させる。また，ケ「音読，朗読」も効果的に取り入れていきたい。

　「なまえつけてよ」（5年）では，人物の行動から直接表現されていない心情や気持ちの変化を想像させたい。「大造じいさんとガン」（5年）では，情景を描いた表現を見付けさせ，表現の効果を感じさせながら朗読させる。「帰り道」（6年）では，人物の様子や行動を表す言葉，会話文などから，その人物のものの見方や考え方を想像させ，自分と比べながら読むことで人物像を深く捉えさせたい。

表4-16　精査・解釈

第1学年及び第2学年	第3学年及び第4学年	第5学年及び第6学年	中学校第1学年
エ　場面の様子に着目して，登場人物の行動を具体的に想像すること。	エ　登場人物の気持ちの変化や性格，情景について，場面の移り変わりと結び付けて具体的に想像すること。	エ　人物像や物語などの全体像を具体的に想像したり，表現の効果を考えたりすること。	ウ　目的に応じて（…）場面と場面，場面と描写などを結び付けたりして，内容を解釈すること。 エ　文章の構成や展開，表現の効果について，根拠を明確にして考えること。

（3）考えの形成（説明的な文章と共通）

　文学的文章を読んで理解したことに基づき，自分の考えを形成する学習過程である。

　学習指導要領解説では，「考えの形成」とは，「文章の構造と内容を捉え，精査・解釈することを通して理解したことに基づいて，自分の既有の知識や様々な体験と結び付けて感想をもったり考えをまとめたりしていくことである。」と示されている。ここでは，文章を読んで，感想や考えをもったりまとめたりする学習活動を取り入れていく。感想や考えは発表したり，話し合ったり，文章にまとめたりしてもよい。

　第1学年・第2学年では，「文章の内容と自分の体験とを結び付けて，感想をもつこと」が示されている。低学年は，自分の経験と結び付けて解釈し，理解を深めさせることが大切である。文章の内容と自分の体験を比較させ結び付けさせる。物語を読んで初発の感想をもったり，読み込んでいく中で，主人公になりきって感じたことを表現したりすることが大切である。体験は一人一人違っているであろうが，叙述に沿って想像することで，体験を引き寄せた感想をもたせるように指導法を工夫したい。

　「たぬきの糸車」（1年下）では，人物の行動を見て，どう思ったかをまとめさせたり，好きなところを選んで音読したりさせる。叙述に沿って自分の体験と比べながら感想や考えをもたせるようにしたい。「わたしはおねえさん」（2年下）では，心に残った場面を選び，自分と比べて考えさせるようにする。

　第3学年・第4学年では，「文章を読んで理解したことに基づいて，感想や考えをもつこと」が示されている。文章の内容の理解だけでなく，理解したことに基づいて感想や考えをもつことの大切さを示している。自分の体験や既習内容と結び付けた考えや叙述から導き出した考えをもつことができるように指導の工夫を行いたい。この学習過程で表現される感想や考えは前段階までの学習過程の学習が生かされる。したがって「構造と内容の把握」「精査・解釈」に関する指導事項とも関連を図るようにしたい。

　「ちいちゃんのかげおくり」（3年下）では，物語を読んで感じたことを理由とともに文章にまとめさせる。物語を誰の立場から読むかによって感想が違ってくることにも気付かせたい。「一つの花」（4年上）では，詳しく読んで感想の変化した内容を人物の行動や会話，題名から受ける印象などに着目させながら，まとめさせるとよい。

　第5学年・第6学年では「文章を読んで理解したことに基づいて，自分の考えをまとめること」を示している。感想や考えをもつことに加え，まとめることが要求されている。文章を読んで理解したことについて，既有の知識や理解した内容と結び付け，自分の考えをまとめることができるように指導する。読み取った登場人物の気持ちの変化，物語の全体像，表現の効果などを基に，自分の考えを整理し，まとめることができるようにしたい。

　「大造じいさんとガン」(5年) では，表現の効果とその理由について触れながら，物語の魅力についてまとめさせる。表現の効果に着目をして読むことで，物語をより味わうことができることを体験させる。「帰り道」(6年) では，物語全体を読み深め，感想を書かせる。感想を書く視点として，内容と書かれ方に着目させるとよい。

　発達段階に応じて小学校で行った指導を基に，中学校第1学年では，「考えを確かなものにすること」につながっていく。

　考えを形成するために教師は教材研究を行い，どのような場面で，どのような形で表現させるかを考えて授業に取り組みたい。例えば，教材文を読んで，感想や考えがどのように変わったのか，自分の生き方にどのように影響を与えたか，まとめることができるワークシートやノートの工夫などをしておきたい。

　「考えの形成」は今回の学習指導要領では，重点が置かれている。自分の考えをもたせるための指導法の工夫を十分に行う必要がある。

　これから読みたいシリーズ本や作者を見付けるなど，読書活動にもつなげていきたい。

①一人一人の異なった多様な考えを引き出す発問の工夫
②根拠を明らかにして，考えや感想を表現する学習活動
③少人数での話合いを重視し，思考を深める学習活動
④「書くこと」を通して，考えを形成する時間を十分に取る学習過程
⑤主体的に学ぶために学校図書館を活用し，シリーズ本や同作家の作品を読む活動
⑥体験，経験を生かし，学習意欲を引き出したり，感想をもったりする工夫
⑦学習終了時に自己評価をする
⑧実生活に生きる力を育む活動

表4-17　考えの形成

第1学年及び第2学年	第3学年及び第4学年	第5学年及び第6学年	中学校第1学年
オ　文章の内容と自分の体験とを結び付けて，感想をもつこと。	オ　文章を読んで理解したことに基づいて，感想や考えをもつこと。	オ　文章を読んで理解したことに基づいて，自分の考えをまとめること。	オ　文章を読んで理解したことに基づいて，自分の考えを確かなものにすること。

（4）共有（説明的な文章と共通）

　学習指導要領解説では，「共有」とは，「文章を読んで形成してきた自分の考えを表現し，互いの考えを認め合ったり，比較して違いに気付いたりすることを通して，自分の考えを広げていくことである」とある。今回の改訂で，「交流」から「共有」となった。「共有」とは，話合い活動だけでなく，読み合ったり発表したり様々な活動が考えられる。活動を行うことで，自分の考えが深まったり広がったりすることが重要なのである。また，「共有」は，学習過程の最後だけではなく，途中の学習過程でも取り入れていくことが大切である。（再掲）

　第1学年・第2学年では，「文章を読んで感じたことや分かったことを共有すること」が示されている。これまでの学習を通して「おもしろいな」「なるほど」と感じたり気付いたりしたことを互いに共有し合うことが求められている。「共有」するとは，互いの思いを分かち合ったり，感じ方や考え方を認め合ったりすることである。授業では，感想を書いて読み合ったり発表し合ったりする言語活動を効果的に取り入れていくことが大切である。互いの感じ方のよさを認め合う雰囲気を工夫したり，場所の設定を工夫したりすることが必要である。

　「おおきなかぶ」（1年上），「くじらぐも」（1年下）など，物語を友達と音読したり動作化したりしながら楽しむとよい。昔話や民話などを読んで感想を話し合ったり，おもしろい話を紹介し合ったりするとよい。「スーホの白い馬」（2年下）では，読み取ったことを基に，心を動かされたところとその理由を，友達と話し合わせる。友達と自分の感想で似ているところを見付けさせる。

　第3学年・第4学年では，「文章を読んで感じたことや考えたことを共有し，一人一人の感じ方などに違いがあることに気付くこと」が示されている。感想

や考えは，注目する文章や結び付けて読んだ内容によって一人一人の違いが出てくる。これを共有し，その感じ方に違いがあることに気付き，友達の考えのよさにも目を向けさせたい。

「きつつきの商売」（3年上）では，おもしろかった場面を伝え合うことで，感想に違いがあることに気付かせる。感想を書かせて読み合うこともよい。「三年とうげ」（3年下）など民話や昔話を読み，おもしろさを友達に紹介し合う。「初雪のふる日」（4年下）では，感想を書かせ，友達との感じ方の違いを感じさせ，同じ作品を様々な角度から読む楽しさを味わわせる。

第5学年・第6学年では「文章を読んでまとめた意見や感想を共有し，自分の考えを広げること」を示している。文章を読んでまとめたことを互いに共有し合うことで自分の考えを広げたり，違いを明確にしたりする。互いの考えのよさを認め合うことも大切にしたい。新たなものの見方・考え方に出会うことができるような指導を行いたい。

「たずねびと」（5年）では，感想をグループで話し合わせることで，人物や物語への考え方を深めさせるようにしたい。「海の命」（6年）では，物語を読み，人物の生き方についてグループで話し合わせる。友達の考えを聞いて自分の考えが変わったことを伝え合って，自分の考えの深まりや広がりを自覚させることが大切である。

今回の改訂で，「共有」という学習過程になったことは，これまでの「交流」とどのように違うのか。自分の考えを友達と交流する活動のみで終わらないことが大切だからである。自分の考えをしっかりもち，よさを認め合ったり，その違いに気付いたりしたことを，自分の考えの形成に生かしていこうとする学びが大切である。考えを広げたり深めたりすること，新たなものの見方・考え方に出合うことが目的であることを忘れてはならない。

話合いや読み合い活動を行う前に，自分で考える時間を取り，最後にもう一度自分の考えをまとめる時間を取るところまでが共有であると考えて指導にあたりたい。

表4-18　共有

第1学年及び第2学年	第3学年及び第4学年	第5学年及び第6学年
カ　文章を読んで感じたことや分かったことを共有すること。	カ　文章を読んで感じたことや考えたことを共有し，一人一人の感じ方などに違いがあることに気付くこと。	カ　文章を読んでまとめた意見や感想を共有し，自分の考えを広げること。

(5) 言語活動例

　学習指導要領の構成では，〔思考力，判断力，表現力等〕C　読むことは，「(1) 読むことに関する次の事項を身に付けることができるよう指導する」「(2)　(1) に示す事項については，例えば，次のような言語活動を通して指導するものとする」の2段階に分けて示されている。(2) には，ア説明的な文章を読むこと，イ文学的な文章を読むこと，ウ情報を得て活用する言語活動がそれぞれ示されている。文学的な文章を読むことの言語活動例はイとウが該当する。

　あくまでも例であるので，児童の実態や年間の指導計画，他教科との関連などを考慮して工夫して取り組むことが大切である。

　第1学年・第2学年では，「読み聞かせを聞いたり物語などを読んだりして，内容や感想などを伝え合ったり，演じたりする活動」が示されている。読み聞かせにより読む楽しみを味わわせたり，役割を決めて読んだり，友達と協力して人形劇・音読劇・紙芝居・ペープサートをしたりする活動が考えられる。物語や絵本などを取り上げて，物語のあらすじや登場人物の行動などを文章にまとめたり感想を述べたりする活動を行う。

　〔知識及び技能〕の (3)「ア　昔話や神話・伝承などの読み聞かせを聞くなどして，我が国の伝統的な言語文化に親しむこと。」との関連を図ることも考えられる。

　第3学年・第4学年では，「詩や物語などを読み，内容を説明したり，考えたことなどを伝え合ったりする活動」が示されている。

　詩や物語を取り上げて，物語のあらすじや登場人物の行動や気持ちなどを説明することが考えられる。また，文章を読んで考えたことを感想にまとめたり発表したりすることができる。一冊の本から，同じ主人公や作家，詩人のシリーズ，ファンタジーのシリーズなどへと，読書の範囲を広げるようにすること，叙述に基づいた感想，自分の経験や考えに裏付けられた感想を伝え合うこと，

自分の感想と友達の感想を比べて特徴の違いに気付かせたりすること，ブック
トークなどで本や文章を紹介し合う言語活動などが考えられる。

第5学年・第6学年では「詩や物語，伝記などを読み，内容を説明したり，
自分の生き方などについて考えたことを伝え合ったりする活動」を示している。

人物の生き方や人生などを描いた伝記を読み，自分を見つめ直したり，自分
の生き方について考えたりして，考えを友達と伝え合う活動を取り入れていく。
本を読んで，相手に伝わるように構成を考え，言葉や叙述に注意して推薦する
活動もある。推薦方法として，本の帯や広告カード，ポスターや読書郵便，リー
フレットやパンフレット作りなどが考えられる。

これまであった随筆については，小学校で読むことに取り上げてもよいが，
学習指導要領では，中学校第1学年に移行している。

表4-19　言語活動例

第1学年及び第2学年	第3学年及び第4学年	第5学年及び第6学年	中学校第1学年
イ　読み聞かせを聞いたり物語などを読んだりして，内容や感想などを伝え合ったり，演じたりする活動。	イ　詩や物語などを読み，内容を説明したり，考えたことなどを伝え合ったりする活動。	イ　詩や物語，伝記などを読み，内容を説明したり，自分の生き方などについて考えたことを伝え合ったりする活動。	イ　小説や随筆などを読み，考えたことなどを記録したり伝え合ったりする活動。

（6）文学的な文章における具体的な指導
①音読，朗読

今回の改訂で，〔知識及び技能〕に整理されたが，〔思考力，判断力，表現力等〕
の「C読むこと」等と関連付けて指導すべきである。第1学年・第2学年は「語
のまとまりや言葉の響きなどに気を付けて」音読を，第3学年・第4学年は，「文
章全体の構成や内容の大体を意識しながら」音読を，第5学年・第6学年は「文
章を音読したり朗読したり」させる。

音読とは，文章の内容把握のために声を出して読むことである。

低学年では，内容を捉えるための音読が占める位置が大きい。①はっきりし
た発音で読む②語や文のまとまりで読む③文章の内容を考えながら読む④音量，

速度，姿勢などに注意して読む，を配慮して指導する。

　中学年は，音読から黙読へと移行する時期である。微音読などを取り入れ，音読から黙読への移行をスムーズにしていきたい。易しい文語調の短歌や俳句を音読させ，言葉の響きやリズムに親しませる。

　高学年では，読みの目的に応じて音読か黙読かを選ばせる。音読で親しみやすい古文や漢文，近代以降の文語調の文章を音読させる。

　教師が読む範読，学級全体で読む一斉読，代表に読ませる指名読み，順番に読ませる輪読などがある。ねらいに即して読ませていく。

　朗読とは，文章の内容や文体，そこから受け取る感動などを聞き手に音声化する表現活動のことである。朗読は高学年に位置付けられている。言葉は同じでも読み方によって受け取る印象は大きく変わることになる。どの言葉をどのように読むか，表現を工夫することになる。朗読は内容の理解が表れるだけでなく高度な表現活動ともいえる。教科書教材だけでなく，朗読劇や群読などを教材化して指導の工夫をしたい。

②サイドライン法による読解

　サイドラインは，重要語句や調べたい事柄について箇所を限定してラインを引かせる。広範囲にサイドラインを引かないように，具体例を示して必要な言葉に引かせる指導をすることが必要である。文学的な文章の学習では，気持ちが表れている言葉や情景描写の優れた部分などにサイドラインを引かせることが多い。

③場面の様子や気持ちの変化の捉え方

　場面分けをする場合があるが，「場所」「時間」「登場する人物」などが変わるところに着目することの大切さを指導する。低学年の指導では，場面の変化には紙芝居，短冊カード，人物の行動や気持ちの変化にはペープサートなどを活用して理解を深める。

　登場人物の気持ちやその変化が表れているのは「会話」「気持ちを表す言葉」「行動」「情景」などであることに気付かせ，様々な物語を読む場合に使えるようにしたい。

④あらすじのまとめ方

　あらすじとは，文章や話の筋をまとめたものである。場面ごとにまとめたカードを作成し，場面を追ってまとめさせるとよい。話の展開に関係することを中心にまとめるので，必要な場面を簡潔にまとめるようにする。

⑤感想文を書く

　「考えの形成」を重視していることを考えると，物語を読み，感想をもつ活動を重視したい。初発の感想とは，文章を一読した感想である。読み落としも多い可能性があり，読み深めていくうえで大いに参考となる。そこにある課題意識を手掛かりに読み深め，学級全体やグループで話し合い，考えを深める。付箋やカードなどの思考ツールを工夫して，自分の感想を表現して伝え，考えを交流するとよい。

⑥関連図書を読む

　発展として，教材に関するテーマや作家についての作品を読む。また読んだ図書を紹介し合う場を設けるとよい。

> **課　題**
>
> 1. 「話すこと・聞くこと」の指導要領新旧対比表（本書78ページ）を参照して違いを見つけ，改訂の趣旨をまとめよう。
> 2. 「書くこと」の学習過程に「共有」がある。これまでは「交流」として扱っていた。本書98ページの表を参考にしながら，今回の改正の趣旨を自分の言葉でまとめよう。
> 3. 「読むこと」の学習過程が明確に示された。説明的な文章と文学的な文章の教材を一つずつ取り上げ，学習過程を重視した指導について具体的に考えよう。

参考文献

青木幹勇『第三の書く――読むために書く，書くために読む』国土社，1986年

植松雅美編著『教科指導法シリーズ　小学校指導法　国語』玉川大学出版部，2011年

大西道雄『作文の基礎力を完成させる短作文指導』明治図書，1991年

大村はま『やさしい文章教室――豊かなことば正しい表現』共文社，1994年

田辺洵一・井上尚美・中村和弘編著『国語教育　指導用語辞典（第5版）』教育出版，2018年

日本国語教育学会「月刊国語教育研究（国語科で育てる思考力・判断力と評価）」No.551，2018年

日本国語教育学会「月刊国語教育研究（主体的・協働的な読むことの学習）」No.538，2017年

日本国語教育学会「月刊国語教育研究（論理的に考える子どもたち―書くことを通して―）」No.533，2016年

日本国語教育学会「月刊国語教育研究（読むことから書くことへ）」No.459，2010年

日本国語教育学会「月刊国語教育研究（書くことの日常化・習慣化）」No.424，2007年

森岡健二『文章構成法――文章の診断と治療』至文堂，1963年

茂呂雄二『なぜ人は書くのか』東京大学出版会，1988年

文部科学省『小学校学習指導要領（平成29年告示）解説　国語編』東洋館出版社，2018年

Ⅲ　国語科指導の実際

　小学校における国語科指導は，その後の児童生徒の言語活動の基本を
なすものである。周知のとおり，人間の思考・判断・表現といった活動
はすべて言語によってなされている。言語力が豊かであればあるほど，
その人の思考力や表現力は豊かになる。確かであればあるほど，その人
の思考力や表現力は確かなものになる。

　これらのことから，学習指導要領では，総則で「すべての教科等で言
語活動を充実させること」を示し，そのための言語力を育成するのは「国
語科が要」であると明記している。これまでにも見てきたように小学校
における国語科の配当時間は他の教科等を圧倒的にしのぐものであり，
中学校との比較からして，その果たす役割の大きさが理解できる。

　第Ⅲ部では，こうした国語科の授業づくりの実際を教科書教材を例に
引きながら，具体的に示していきたい。授業実践力は，子供の国語力育
成に大きく影響する。「授業力のある先生」は，子供にとって大きな魅
力であり，保護者，地域，同僚，管理職からの信頼を得る要素でもある。

　第Ⅲ部の内容が自分の血肉となるよう，学びの構えをしっかり作って
スタートしよう。

第5章

指導案はこう作る

　この章では，まず国語科指導案の構成について解説する。そもそも指導案は，実践の記録を残し，授業準備の段取りや評価の視点を明らかにするといった「自分のため」のものと，校内研究や授業参観者のために作成する「参観者のため」のものとがある。ここでは，参観者（多くの場合は教育実習時の管理職や指導者，現場では，校内研究授業での指導講師や同僚を対象としているが，採用試験の試験官用にも求められる場合がある）を想定しての指導案の書き方について述べていきたい。

キーワード　単元名と教材名　単元の目標　評価規準　単元観　単元指導計画　板書計画

　指導案の形式は，各都道府県・区市町村によって様々である。学校独自の形式を作成しているところもある。したがって，ここでは指導案の基本として，その構成要素を挙げ，その意味するところを中心に解説する。

　以下に，国語科学習指導案の書式サンプルを載せた。それを参照しながら整理・理解すると分かりやすい。

表5-1　学習指導案書式例

第○学年　　国語科学習指導案

令和○年○月○日（曜）○校時
○年○組　○名（男　　女　　）
指導者　　○　○　○　○　印
立案者　　○　○　○　○　印
（○時間）

1　単元名

2 教材名
3 単元の目標
4 評価規準

知識・技能	思考・判断・表現	主体的に学習に取り組む態度

5 単元について （単元観　児童観　教材観）
6 指導上の工夫・ポイント
7 単元指導計画（○時間扱い）

次	時	学習活動	指導内容	評価等

8 本時の指導計画（○/○）
（1）目標
（2）展開

時	学習活動	指導内容	評価等

9 板書計画　資料

表題
・何年生の何の教科の指導案かすぐ分かるように

授業実践の日時　場所　対象学級　指導者名
・日時は，日付だけでなく何時間目に行うのかも明示すること。

・場所は，ほとんどの場合該当学級だが，図書館やコンピュータ室を使う場合や，生活科など他教科との合科的な扱いで教室以外の場所を使うこともこれからは多くなることが予想される。参観者の立場に立って情報を提供すること。

・対象学級については，人数を示しておくと参観者が授業記録を取る際の情報になる。

・教育実習の場合は，指導者名（担当学級担任）を上に書き，その下に自分の氏名を連ねる。指導後の最終案には自分の印鑑を押す。

・予定している時間数も，示しておくとよい。時間数は，年間指導計画の配当時間となる。教師用教科書に標準的な時間数が示されているので，参考にするとよい。時間数を明記することで見通しが立ち，授業デザインをしやすくなる。学校行事など実践を予定している週の教育課程の確認をすることができれば，週案も立てやすくなる。

1. 単元名

この教材を使ってどんな学習活動をするのか，単元のゴールイメージを子供へのメッセージのように短く表す。学習の主体者への呼びかけ，これから展開する学びへの見通しと期待感がわくような文言がふさわしい。多くの場合は，児童用教科書の単元扉に示されている内容が相当する。単元の大まかな指導目標でもある。学習指導要領のどの指導内容について指導するのか，しっかり確認できるとよい。単元名は，子供たちの学習目標にもなるものである。毎時間の板書や，学習の経過を表す掲示物にも明示し，意識させるようにする。

　例：「表現の工夫をとらえて読み，それを生かして書こう」
　　　「気持ちの変化を読み，考えたことを話し合おう」

2. 教材名（学習材名）

ここに「『鳥獣戯画』を読む」とか「ごんぎつね」とかいったその教材の名前を書く。「この教材を使って，単元名にあるような活動をします」と示す意味がある。

　C領域（読むこと）の教材の場合は，筆者（説明的文章）や作者（文学的文章）の名前を書いておくことが大切である。筆者や作者を意識することで，筆者の考えを客観的にとらえたり，作者の表現方法を評価したりする力が付く。また，読書生活の充実向上にも活用できる。発信者に興味や関心をもつことは，情報

の扱いにおいても大事な側面となる。教材名を板書する際，作者や筆者を併記する習慣をつけ，子供たちにも意識させるような指導が大切である。

出典先も明らかにしておく。　例：光村図書4年上　　教育出版6年下など

3．単元の目標

この単元の学習で目指す国語の資質・能力を示す。〔知識及び技能〕，〔思考力，判断力，表現力等〕，〔学びに向かう力，人間性等〕といった大きなくくりで考え，学習指導要領の指導内容に準拠した目標を置くことが大切である。したがって，目標を立てるときには，学習指導要領を手元に置き，そのどの項目を目指すのか，どの項目の国語の力を身に付けさせたいのかを明確に意識することが重要である。該当する領域の項目記号（ア・イ・ウ・エ・オ）も書いておくと分かりやすい。

目標の文末は，「～できる。」となる。もしくは「～すること。」となる。

例：経験したことなどを，順序を考えて話すことができる。（A-イ）

　　文章全体の構成や展開を考えて，パンフレットを作ることができる。(B-イ)

4．評価規準

「知識・技能」「思考・判断・表現」「主体的に学習に取り組む態度」

(1) 基準と規準の違いについて

学習指導要領の目標や内容を受けた質的な尺度による評価を「評価規準」，また，作成した評価規準について，どの程度達したかという量的な尺度による評価を「評価基準」と区別して考えることが必要である。基準と規準は同音で紛らわしいため，基準（もと準）規準（のり準）と言い換えられることもある。

(2)「評価規準」とは

評価の観点によって示された子供に付けたい力を，より具体的な子供の成長の姿として文章表記したもの。評価規準を作成するときには，それぞれの単元で固有の学習内容と教材（学習材），そして付けたい力を関連付けて，具体的な活動場面を想定しながら文章表現を工夫することが大切となる。

文末は「〜している。」といった子供の<u>具体的な姿を表す表現</u>となる。

例：環境保護に対する筆者の意見について，自分の考えを書くために適した事
　　例を選択するとともに，事実と意見，感想とを区別して書いている。

例：物語を読んで理解したことに基づいて，題名のもつ意味を考え，作者の作
　　品に対する思いを話し合っている。

5. 単元について

（1）単元観

　この単元を設定した理由，取り上げた言語活動の特徴を述べる。改めて学習
指導要領に示された指導事項との関連に触れる。また，既習単元やこれからつ
ながっていくであろう単元との系統性も確認しておくとよい。児童の実態とも
関連させて，身に付けさせたい国語力との関連に言及するなど，単元の位置付
けも意識して説明する。

（2）児童観

　授業する学級の児童の実態，学力や興味・関心の特徴，既習事項等にも触れ，
今までどのような学習を経験してきたか，あるいはどのような国語の力を身に
付けているかなど，学級全体の児童像を明確にしておく。事前に児童に意識調
査を実施したり，プレテストの結果をまとめておいたりして，本単元の目標を
より明確にする。配慮を要する児童等についても，その対応策も含めて文章化
しておくとよい。

（3）教材観

　この単元の活動をするに際して，なぜこの教材を選んだのか，この教材の特
徴や，指導に際してのメリット等を述べる。いわゆる教材研究で明らかになっ
た教材のよさについて述べる。

例：複合語や色彩語が多用されており，その場の情景や人物の心情・行動を具
　　体的に想像しやすい特徴をもつ。

例：具体的な例を引き，学習者の身近な体験を想起させる工夫がされている。
　　取り上げた教材と他教科等との関連についても触れるなど，カリキュラム・

マネジメントを意識した内容の記述も望ましい。

6. 指導上の工夫・ポイント

　評価規準を達成させるための指導上の工夫を述べる。その際，「主体的・対話的で深い学び」のある授業づくりを意識し，導入・展開・まとめ等の段階で，児童の主体性を引き出したり，対話的な学びを設定したり，学びを見直し，新たな考えを創造させたりするためにどのような工夫をしたか，自分の指導の重点が分かるように述べる。

例：一人学びの時間をたっぷりとるために，音読を家庭学習に位置付ける。
例：自分の考えを短い言葉で書き表せるように要点メモの取り方プリントを用意する。
例：相手を変えてペアトークやトリオトークができるように学習空間を広くとり，相互に気づきを付箋にかいて交換する。

7. 単元指導計画

　単元全体の基本的な指導計画を示す。通常は，次ページの表のように大きく三次から四次（導入：つかむ，展開：解決する・追究する，終末：まとめる・整理する，発展：深める・広げる・創る）に分けて計画することが多い。この形式も様々で，特に四次の発展については設定していない場合もよく見られる。これからの指導の在り方から考えると，個々の児童の興味・関心を引き出し主体的に学ぶ姿を期待するには，個に応じたさらなる深い学びへの道筋を示すことが重要であろう。

（1）学習活動
　子供の活動を示す。主語を子供にして記述する。

（2）指導内容・評価
　教師の働きかけや指導上の留意点を示す。主語を教師として記述する。
　評価項目・評価時期・評価方法など，評価に関連することも書き入れる。形式によっては，評価だけの欄を設けることもある。

表5-2　10時間扱いの単元指導計画例

次	時	学習活動（児童の活動）	指導内容（教師の働きかけ）・評価
一 導入	1〜2	音読　初発の感想 新出漢字　難語句などの確認 学習課題づくり・学習計画	範読　ブックトーク 学習の意欲付け（興味・関心の喚起）
二 展開	3〜7	学習課題に応じて，計画に沿って行う言語活動 精査・解釈　作品作り 取材・構成・記述・推敲	・必要に応じた対話的学びの設定 　（グループ編成　課題別・個人差 　を考慮して） ・課題解決のためのかじ取り ・個々の考えの価値付け　評価
三 終末	8〜9	展開での学びのまとめ ノート・ポートフォリオ整理 共有活動（発表・協議・交流等）	・単元全体を通してのまとめ ・振り返り ・評価
四 発展	10	関連図書の読書 作品補充・発表・交流・再考	・他教科等との関連 ・さらなる知的好奇心の触発 ・新たな活動の可能性の紹介

8. 本時の指導計画

(1) 目標

　単元全体の目標と照らし合わせて，この時間はどんな資質・能力を身に付けさせたいのか，学習指導要領の指導内容をもとに端的に一文程度で記述する。

表5-3　本時の指導計画（○/10時）

	学習活動	指導内容	○留意点 ◇評価
導入	目当ての確認		
展開			
まとめ	学びの振り返り		

詳しくは，第6章「教材研究と学習指導計画」参照。

9. 板書計画　　補助資料　ワークシート等

板書計画

　学校特有の用語である。「板書」とは黒板に書くことを指す。したがって「板書計画」とは，45分間の授業が終了したとき（本時終了時），子供の目に映る黒板に書かれた内容のことである。一時間の学習軌跡であり，学習成果であり，まとめであることが求められる。授業の進行に応じて，子供が発信する様々な思考をどうまとめあげるか，それぞれの発言を認め評価しながら関連付けていけるかが授業力として問われている。だからこそ，しっかりした板書計画を練っておくことが必要である。

　時には，あらかじめ用意した短冊を貼り出すという工夫もあろう。また，色チョークを効果的に使う，補助資料・参考資料（挿絵や表・グラフ・写真等）の位置を決めておく，矢印や囲みを有効に使う，文頭の位置をずらして視覚情報を整理しておくなど，子供の目線に立った板書デザインの工夫が必要である。

　なお，板書は，子供たちのノート指導のモデルとしても活用できる。毎時間，単元名・教材名（筆者名・作者名）を丁寧に書き，学習の構え作りとしても，

学級の学習ルールの一つにすることを勧めたい。

「本時の目当て」と「振り返り」は，主体的な学びの必須項目である。子供たちに，自分の学びの見通しと方向性，一時間の学習の手ごたえを実感させるためにもしっかり位置付けておきたい。

詳しくは，第6章の実践例で情報を増やすことを勧める。

資料　国語科学習指導案作成のためのチェックリスト

◇単元名
- □ 1　児童が学習のめあてをもったり，学習することがわくわくしたりするような単元名を付けていますか。
- □ 2　その単元名は，単元で育成すべき能力や言動活動と結び付くものとなっていますか。

◇単元を貫く言語活動とその特徴
- □ 3　本単元ではどんな種類の言語活動を，単元を貫いて位置付けるのかを記述していますか。
- □ 4　位置付けた単元を貫く言語活動は，どのような特徴をもっているかを記述していますか。
- □ 5　その特徴は，単元の指導目標の実現にどのように結び付くのかを記述していますか。

◇単元について

・児童について
- □ 6　本単元で付けたい力に応じて，これまでの同系統の学習指導の実態を記述していますか。（例えば「説明的文章を読む」学習なら，これまでの説明的文章の学習の状況を記述する。）
- □ 7　前単元までに身に付いた，具体的な国語の能力を記述していますか。
- □ 8　前単元までの指導では身に付いていない，児童にとって必要な国語の能力を記述していますか。（この能力が本単元の指導の重点となる。）
- □ 9　8は，単元目標として重点化する，学習指導要領の指導事項と一致していますか。
- □10　8に記述した，未だ身に付いていない状況に関する，自身の指導の振り返りや今後の見通しを記述していますか。（例えば，「文章構成の仕方が身に付いていない」状況であれば，指導のどこをどう改善することで「文章構成の仕方」を身に付けられるかについての見通しを記述する。）

・単元構成について
- □11　単元構成を，導入一展開一発展などに分けてどう構成するのかを記述していますか。

・指導について
- □12　8に記述した指導上の課題や3で記述した言語活動に対応する，指導の手立てを箇条書きのようなレベルで具体的に記述していますか。
- □13　12の手立ては，単元目標として重点化する，学習指導要領の指導事項に示された国語の能力を付けることに結び付いていますか。
- □14　12の手立ては，「これまでの指導のどこをどう変えるのか」を明確にして記述していますか。
- □15　12の手立ては，付けたい力の具体的な姿に対応したものとなっていますか。（例）「分かりやすく書く力」「説得力のある話し方」等を学習のねらいに沿ってより具体的につかんだ上で，それを身に付けるための手立てとして機能するか。

◇単元の指導目標

□16 単元目標は，児童の実態やそれを踏まえて導き出された単元で付けたい力を具体的に記述したものとなっていますか。

□17 単元目標は，学習指導要領のどの指導事項を具体化したものかが分かるように記述されていますか。

□18 単元目標を観点別に記述する場合，観点設定は妥当なものとなっていますか。
（例）「読んだ感想を書く」は「書く活動」を通して「読む能力」を育成するものなので，観点は「読む能力」として設定する。

◇単元の評価規準

□19 単元の評価規準の観点は，単元の指導目標の観点（もしくは領域等）と一致していますか。

□20 単元の評価規準は，どの指導事項等に対応するのかを明確にして箇条書きしていますか。

□21 単元の評価規準は，指導事項×言語活動で，評価可能なように具体的に記述していますか。

◇単元の指導計画

□22 単元の指導過程には，付けたい力に応じた言語活動を明確に位置付けていますか。

□23 22で位置付けた言語活動を基に，付けるべき力をより具体的にとらえて，それを指導過程全体を通して指導するようにしていますか。

□24 単元の指導過程は，例えば，以下のような具体的な配慮点に対応して計画されていますか。

　□　単元を貫く言語活動を見通す，具体的な導入の学習を位置付ける。（教材を通読し，初発の感想をもつ，などといった機械的な導入にならないように。）

　□　「観察記録文」「報告スピーチ」等々の言語活動を「文章や表現の種類」を明示して位置付ける。

　□　それらの種類を確実に身に付けられるよう，モデルを提示しての学習を位置付ける。

　□　取材か，構成か，記述かといった「学習過程」のどこに重点を置くかを明確にする。

　□　それぞれの過程で具体的に身に付けさせるべき事柄を列挙する。（スピーチの場合，音声化の段階だけでなく「取材」「構成（順序）」等の際に具体的にどう工夫するのかを明らかにする。）

　□　児童にとって単元を貫く言動活動を行う上で意味のある「学習課題」を設定する。（○の場面を読み取り，人物の心情をつかむ，などとならないように。）

　□　読むことの学習においては，単一の文章のみの読解にならないよう，読書活動を位置付ける。（並行読書，シリーズ読書，比べ読み…）

　□　精読に焦点を当てる場合であっても，「どこの精読するかを判断する。」「目的や必要に応じて戻って読んだり先に進んで読んだりする。」「自分の考えを形作りながら読む。」といった実生活の読書行為を適切に取り入れる。

　□　「分かりやすく」「まとめる」「深める」「読み取る」等々の抽象的に表現された学習指導案上の言葉をより具体化して記述する。

　□　読むことの単元においては，単元を貫く言語活動が付け足しのようにならないよう，いわゆる第二次の教材文を読む過程においても，どのような言語活動をするために，どのように読むのかを意識できるようにする。（しっかり読んだ後，さあ何を書こうか，ではなく，どんな表現をするのかを見通して読めるようにする。）

◇本時の指導

・目標

□25 本時の目標は，単元の指導目標と観点から見て，ずれなく記述していますか。

☐26　本時の目標は，単元の指導目標をより具体化したものとなっていますか。

・指導過程

☐27　本時で付けたい力を，具体的に（箇条書き的に）記述していますか。
（例）「分かりやすく書く」「構成を工夫する」「読みを交流する」「説得力のある話し方をする」などが，具体的にどのような言葉を用いてどう表現したり理解したりするとよいのかを列挙する。

☐28　27で記述した具体的な付けたい力は，言語活動の種類を踏まえて記述されていますか。
（例）調査報告文を書く場合，「はじめ」には「調査目的と調査方法」，「中」には「調査結果」，「終わり」には「調査結果から考えたことやまとめ」など，どのようなことを書くのかを調査報告文の構成上の特徴に合わせて具体的に押さえる。

☐29　27は，本時で評価可能なように，具体化して記述していますか。

☐30　27は，9年間で育成するような大きなスパンではなく，学年や単元に応じて具体化していますか。

☐31　27のような力が指導過程で身に付かない場合，どんな手立てを取るのか具体的に「指導上の留意点」等に記述していますか。

☐32　27のような力を指導過程の早い段階で身に付けた児童に対して，さらに発展させていくための手立てを具体的に「指導上の留意点」等に記述していますか。

☐33　本時のそれぞれの学習活動は，単元を貫く言語活動と結び付いて，児童にとって，なぜその活動を行うかが自覚できるものとなっていますか。

☐34　本時の学習課題は，単元を貫く言語活動と結び付く形で設定されていますか。

☐35　児童が使えるようになってほしい「具体的な言葉・文」などを具体的に例示していますか。

出所：水戸部修治『単元を貫く言語活動のすべてがわかる！　小学校国語科授業&評価パーフェクトガイド』明治図書，2013年，pp. 68-69より引用。

課　題

1. 学習指導要領の改訂に伴い，学習指導案の立案にはどのようなことに配慮すればよいか，説明しよう。
2. 学年を想定し，具体的な教材文を使って学習指導案を作成しよう。その際，テキストに載せてある構成要素を盛り込み，分かりやすく書こう。

参考文献

大西道雄『国語科授業づくりの理論と実際』渓水社，2011年

中西一弘指導『文章表現力を育てる10分間作文の授業展開』明治図書，1991年

甲斐睦郎・輿水かおり編『言語力を育成する学校』教育開発研究所，2010年

水戸部修治『単元を貫く言語活動のすべてがわかる！　小学校国語科授業&評価パーフェクトガイド』明治図書，2013年

文部科学省『小学校学習指導要領（平成29年告示）解説　国語編』東洋館出版社，2018年

教材研究と学習指導計画

　授業づくりの基本は，教材研究にある。特に，〔思考力，判断力，表現力等〕を育成する3領域の指導においては，その教材の特徴，作者・筆者の執筆意図，用いられている言葉や表現の工夫や特性など，まずは，一読者として教材をしっかり読みこむことが肝要である。そのうえで，単元の目標を明確にし，「教材を教える」ことから，「教材で教える」ことへの授業改善を目指す学習指導計画を立てたい。

　キーワード　付けさせたい資質・能力　（主体的・対話的で深い学び）　児童の実態　教材の特徴　魅力的な言語活動　指導時間　授業デザイン

第1節　〔知識及び技能〕の具体的な指導展開例

1. 低学年（第1学年及び第2学年）

（1）言葉の特徴や使い方に関する事項

　助詞の「は」「へ」及び「を」の使い方を思い出し，文の中で正しく使えるようにする。〔知識及び技能〕(1)ウ

　助詞「は・へ・を」の使い方は，児童の理解が難しく定着に課題のある内容事項である。実際の文や文章の中で扱うことによって気づかせ，自分の文や文章に生かす学習にしたい。聴写や視写といった活動を繰り返し行う帰納的な学習が効果的である。

　また，助詞の部分のはめ込み式カードなどを準備し，視覚的に理解を促す工夫があると理解が深まる。なぜ，「は・へ・を」にするのか，自分なりの言葉

で説明し合うというような活動を盛り込み，「くっつきのは・へ・を」「変身文字は・へ・を」といった独自のネーミングを考えるなど，児童の興味を引き出したい。

①教材研究と指導の実際 「まちがいをなおそう」（光村図書・第1学年下・p.21）
・単元名に着目し，「字の使い方」に焦点を当てていることを確認して授業に入る。
・モデル文を分析する。三つのまとまり（段落）で構成されていること。
・それぞれが1文，2文，3文でできていること。
・間違いは「は・を・へ」であることが挿絵からも想起されること。

第1文を，文節に分けて書いておいたカードを貼り，一斉に音読する。

1きのう,		2あきの		3ものお	
			4見つけに,	5こうえんえ	6いきました。

「どこかがおかしいカードはありましたか？」
「何番目のカードか選んでみましょう。」
「自分が選んだカードの番号をお友達と比べてみましょう。同じかな？」
「選んだカードの間違いをなおしてみましょう。」×印シールを使う。
「は・を・へ」の復習。「は・を・へに変身するのはどんなときだったかな？」

・1学期に勉強した「はをへをつかおう」のページを出し既習事項を確認する。
・×印シールを2枚用意し，間違いの個所に貼って，正しい文字を書く。
・正しい文字遣いで，モデル文の第1文を書き直す。罫線だけのワークシート，×シールのところだけ書き入れる虫食いワークシート等，個に応じたワークシートを用意する。
②「まちがいをなおそう」3時間扱い
目標 助詞の「は」「へ」及び「を」の使い方を思い出し，文の中で正しく使えるようにする。〔知識及び技能〕(1)ウ

本時略案（例）

1／3　めあて：「は」「へ」及び「を」の使い方を思い出そう。

	学習活動	指導内容	留意点
導入 10分	挿絵を見て，活動をイメージする。 音読 　先生の後について 　隣の人と一文ずつ交互に 　一人で 新しい漢字を読もう・書こう カタカナの「ウ」の下に子供の「子」が入って，「字」	間違い探しをすることを確認する。 中身を考えながら読ませる。 ・私は，どこへ行ったのかな ・何しに出かけたのかな ・何を見つけたのかな 新出漢字の読みの確認	漢字黒板
展開 30分	まとまりごとに間違い探しをする。 おかしいと思うところに×シールを貼る。 隣同士で確かめる。 全体で確かめる。 「くっつきの『は・を・へ』の変身！」隣同士で説明の練習をする。 全体で2・3人発表する。 正しくした第1文を音読し，どこを直したか確認する。	1段落目は，文節カードを使って，スモールステップで進める。 ×シールに，正しい文字を書かせる。 既習事項を想起させる。 教科書のお友達（挿絵の女の子）に，どんなとき，変身するのか説明するつもりで。 机間指導しながら，意図的指名者を選ぶ。 説明の仕方の良さを価値づける。 直したところで手をたたくなど，動作も取り入れる。	文節カード・×シールの準備 机間指導
まとめ 5分	ノートに正しく直した1文を書く。 次の時間は，第2第3のまとまりの間違いを探すことを知る。	罫線・マス目（モデル文と同じ字数）・間違い個所の穴埋めなど個に応じたシートを用意する。 次時の予告をする。	評価ワークシート

（2）情報の扱い方に関する事項

　「情報の扱い方に関する事項」は，今回の改訂で新たに設けられた指導内容である。情報社会の進展がその背景にあることは言うまでもない。情報を扱う際，国語科で育成すべき資質・能力として「メモを取る力」は，必須である。低学年から様々な場でメモ活動を繰り返し，確実に身に付けさせたい。

①教材研究と指導の実際

　あつめるときにつかおう「メモをとるとき」（光村図書・第2学年上・p. 78）
　教科書には，以下の内容が示されている。

・4コマの漫画．生活科「町たんけん」が題材

　　漫画にすることで文字情報からだけでなく，視覚的にも理解しやすい工夫
　がされている。子供にとってより身近な場面設定として理解しやすい。また，
　生活科と連携した設定（町たんけん）であることにも配慮し，それぞれの教
　科間のつながりも意識した指導が効果的である。

・メモは，どんなことをどんなふうに書けばよいか

　覚えておきたいこと・あとから確かめたいこと（備忘）を短い言葉で

　　特に，「短い言葉」については，具体的に指導することが必要である。「物
　の名前」「色や大きさ・形」「数や日付」といった具体的な言葉を入れたメモ
　のモデルを用意しておくことが効果的である。箇条書きについても触れる。
　p. 79のメモ（挿絵）と吹き出しを活用するとよい。

・メモを取るとき気を付けること

　　目的や相手に応じて必要なことを

　　日付や見たこと・聞いたことを正しく

　ここまでを共通理解したうえで，実際のメモを取る活動に入る。

・言語活動1　様子を詳しく知らせるためにメモする

　教室にあるもの

　家の人に知らせる

・言語活動2　友達と交流・共有する

　ペアやトリオで見せ合う

　相手の書き方の良さを見つけて伝える

・言語活動3　自分のメモの見直しをする

　友達の良さも取り入れるなど，もっと良いメモに

②あつめるときにつかおう「メモをとるとき」　4時間扱い

目標　メモの利便性に気づき，目的に応じて短い時間で必要な事柄を正確に書
　　　く方法を理解し，メモを取ることができる。〔知識及び技能〕(2)ア

単元指導計画

	学習活動	指導内容	留意点
導入1	メモを取った経験を思い出す。 メモの便利なところを共通認識する。 生活科の町探検でメモを取り，発表会に生かすことを知る。（課題） 4コマ漫画	帰りの会での連絡帳などで，聴写メモや視写メモを経験させておく。 4コマ漫画を理解させる。	生活科との時間割調整
展開2	メモの取り方を知る。 　何のためにメモするのか 　何をメモすればよいか 　短く，正しく書くための工夫 　　いつ　どこ　何　どんな　絵 　　色　かたち　大きさ　におい 　　音 実際の場面を想定して，メモを取る練習をする。 教室（学校）にあるものを，おうちの人に伝える。その際，同じもの（題材）を選んだ友達とメモを見せ合う。互いの良いところを見つけて「いいねシール」を貼る。 全体で共有する。	メモは目的によって内容が異なることを，不要な情報をメモしたエラーモデルで気づかせる。 共通確認した事項は，教室に掲示する。 　単語で　箇条書き　絵も入れて 「書く」単元「かんさつ名人になろう」とのつながりを思い出させる。 メモを取る用紙は，横長を準備し，箇条書きできるように文頭の○をつけておく。 目的・相手をしっかり意識させる。 ペアリングチェンジが2・3回できるように促す。 いいねシールを貼るときは「○○のところがいいね」「～があるからよくわかる」と伝えさせる。 メモの利便性をまとめて板書する。	モデル作成 掲示物作成 いいねシール 話型提示
まとめ1	・学びの振り返り ・自分のメモを見直す 学習で気づいた「もっと良くする工夫」をノートに書いておく。	活動のまとめをさせる。 生活科で，町探検をするとき，使ってみたいメモ用紙などを発表させる。	評価 ワークシート

（3）我が国の言語文化に関する事項

　この事項には，伝統的な言語文化ア・イ，書写ウ，読書エが示されている。ここでは，伝統的な言語文化のイ「言葉遊び」の授業の実際を取り上げた。指導要領解説には「言葉そのものがもつ豊かさに気付くことを重視して新設した

指導事項である。長く親しまれている言葉遊びを通して，語彙を豊かにし，言葉を用いること自体を楽しむ」（解説 p. 53）とある。低学年ならではのみずみずしい感性とスポンジのような吸収力を生かして，大いに楽しませたい。

①**教材研究と指導の実際「ことばあそびをしよう」（光村図書・第2学年上・p. 127）**

教科書に載っている言葉遊びは，

・折句[1]
・数え言葉，数え歌
・いろはうた
・ことばあそびうた（谷川俊太郎）
・地域のカルタ

　これらのほかにも，しりとり，なぞなぞ，回文[2]，早口言葉，アナグラム[3]などがある。

　いずれにしても，遊びの中で唱えながら言葉の響きを楽しむところに面白さがある。幼稚園や保育園で経験してきたものをお互いに紹介し合ったり，カルタなど，ゲーム感覚を取り入れたり，作品を作ったりといった言語活動を通して語彙を増やしていくことをねらいたい。そのためには，教師自身に「言葉遊び」の経験が豊かであることが求められる。あなたも挑戦してみてほしい。

②**「ことばあそびをしよう」1時間扱い（モジュールで15分×3）**

目標　いろいろな言葉遊びを通して，語彙を獲得したり，言葉そのものを楽しんだりすることができる。〔知識及び技能〕(3)イ

	学習活動	指導内容	留意点
1回目 15分	授業の初めに，言葉で遊ぶことを知り，やったことのある「言葉遊び」を思い出す。遊び方を交流する。遊ぶ順番を決める。	どんな言葉遊びを知っているか，言葉遊びにはどんなものがあるか，やり方を説明したり実演したりさせる。	幼稚園や保育園での経験を想起させる。
2回目 15分	しりとり遊び なぞなぞ どっちが早いかな？（早口言葉）言葉遊び歌を覚えて唱える。	遊びのやり方を確認し遊ぶ。 隣同士二人で 3・4人のグループで 教科書を参考にさせる。	遠足のバスの中などで実践するなど，学びを広げる。

3回目 15分	折句づくりに挑戦 　3文字 　4文字 　5文字 徐々に文字数を増やして楽しむ。 友達の作品の良さを認め合う。	折句についてモデル文を示す。 名前折句	作品は，廊下掲示するなどして評価する。

2. 中学年（第3学年及び第4学年）

（1）我が国の言語文化に関する事項（書写）

　手紙を書くことや記録を取ることなど，日常生活や学習活動に役立つ書写が重点となる。

　硬筆は，全学年で行う。毛筆は第3学年から年間30単位程度，行われるが，硬筆による書写能力の基礎を養うことがねらいとなる。

　「文字を正しく整えて書く」ように毛筆による書写指導が行われる。

　指導計画の作成にあたっては，硬筆と毛筆とを関連して扱うことが必要になる。

1. 単元名　毛筆で文字を正しく整えて書こう（1）
2. 教材名　始筆から送筆そして終筆で書く毛筆入門
3. 単元目標と評価規準

　〔単元目標〕

　　○硬筆による書写に毛筆を加え，関心や意欲をもち，文字を正しく整えて書く態度を養う。また，その技能力を培う。

　　○毛筆による書写の初期導入を，年間を通し計画的に図る。

　〔評価規準〕

　　○毛筆や用具の使い方や扱い方を知り，姿勢を正して文字を書いている。

　　○文字の書き方を知り，正しい書き方や整った書き方をしている。

　　○毛筆による書写に関心をもち，意欲的に取り組もうとしている。

4. 単元について

（1）児童の実態

　児童の学習経験について触れ，学級全体の傾向や特に配慮を要する児童（外国籍，文字への抵抗感をもつ子など）について述べる。

(2)単元の構成

　第3学年から，毛筆による書写を取り入れることは，文字を正しく整えて書くうえで大きな意味がある。毛筆で書く際の姿勢，毛筆の筆記用具としての特質を理解し，毛筆習字用具の使い方・扱い方の態度を含めて，文字を書き写す技能を培うことになるからである。この実技学習を通して文字の仕組みや書き方を理解し，日常生活や学習活動に適応させていくようにしたい。

　毛筆の指導で留意しておきたいことは，年間指導計画作成に関することである。毛筆は，年間を通した指導の時間は30単位程度となる。この時間的な制約の中で，①毛筆で文字を書く姿勢や態度，②毛筆や用具の使い方・扱い方，③文字の書き方に関する実技を適切に指導計画に位置付ける必要がある。さらに，指導計画作成にあたり，硬筆による書写指導との関連を図る指導も組み入れていきたい。

5. 毛筆による指導の工夫とポイント

①「毛筆で文字を書く姿勢や態度」については，これまでの学年での硬筆による書写指導をもとに，毛筆による書写への新たな取り組みを確実に習得させたい。日常生活で慣れていない姿勢や筆の持ち方，手や腕の位置などは重要な指導事項となる。

②「毛筆や用具の使い方・扱い方」については，毛筆の特質や部分の名称と種類とその用途の理解・硯や墨，墨のすり方と墨液の扱い方・文鎮・下敷き・手本（教科書）の扱い方・半紙の扱い方・後始末の仕方などを確実にできるようにする。

③「毛筆の書き方」については，第3学年以降，手本（教科書）によって，次頁の指導事項及び指導内容を硬筆による書写と関連させながら年間計画に位置付けるようにする。

④硬筆及び毛筆の書写指導の系統は，「各学年の書写に関する事項」によることになる。第3学年では，文字の組み立て方を理解して字の形を整えて書くことや，漢字や仮名の大きさ・配列に注意して書くように指導する。特にこの学年から指導する毛筆については，点画の書き方など基本を理解させ，筆圧などに注意を促す。

6. 単元の学習指導計画（全3時間）

次	時	学習活動	指導内容と留意点
一 毛筆と用具の使い方・扱い方	1	・毛筆用具を知る。 　毛筆（大筆と小筆）・毛筆の名前・硯・墨・墨液・下敷き・文鎮・半紙・手本（教科書）・板ばさみ・ふきん等。 ・毛筆用具の使い方を知る。 　筆の下ろし方・墨の持ち方とすり方 ・毛筆用具の扱い方を知る。 　用具の置き方・書いた紙や毛筆，硯などの後始末。 ［図：手本（教科書）・文鎮・墨液・下敷きの上に，半紙・硯・墨・大筆・小筆・鉛筆・ふきんの上に〕	・筆には大筆と小筆がある。また筆は，軸と穂と穂先からできあがっている。文鎮は長いものや短いものがある。半紙には，表裏があり，表は滑らかな感触。 ・筆軸を回転させ穂を半分より多めにほぐす。ほぐした所まで，墨をふくませ使うことになる。書くとき硯の上で穂先をそろえる。墨を上からしっかり持ち，硯の水を縦下にする。→縦上にすり上げる。→硯の周りで弧を描きすり下ろす。→すり上げる。→繰り返す。 ・用具の置き方は左手で書く児童は左右逆に置くなど工夫させる。書いた紙は板ばさみにはさんでしまう。筆は墨の部分を水でよく洗うか拭き取り，穂先を整えておく。硯の残った墨液は水で洗うかまたはよく拭き取る。
二 書く姿勢と筆の持ち方と線	2	・毛筆で文字を書くときの姿勢を身に付ける。 ♪「ゆかをふむ足，せなかをのばし，ふでを持つ手と机におく手をたしかめて」（例） ・筆の持ち方を知る。 ♪「ふではほさきからじくの長さのなかほどを持って。指は一本がけか二本がけ。立てて持つふで」（例） ・いろいろ線を書く。 ・細い線・太い線を書く。 ・筆の穂先の向きによって書きやすいことや書きにくいことを知る。書きやす	・座り方⇒椅子の間を少しあける。背中をのばし，机との間も少しあけて座る。足は少し開き床に付ける。左手を半紙の上に置き，筆を持つ右手は机に付けない。 ・筆の持ち方⇒軸の中央から穂との間の中を持つ。指の二本がけ⇒親指と人差し指・中指で持ち，薬指で支え，小指をそえる。一本がけ⇒親指と人指し指で持ち，中指で支え，薬指，小指をそえる。筆は鉛筆で書くときよりも立てて持つ。 ・いろいろな線を練習させる。細い線・太い線・直線・曲線・螺旋など。 ・力（筆圧）の加え方で細い線や太い線が書けることを知らせる。 ・穂先の向きと書きやすさの関係を実感

		い向きを確認する。	させる。
三 横画一・二を書く	3 本時	・「一」の字を書いてみる。 ・始筆（しひつ）と送筆（そうひつ），そして終筆（しゅうひつ）の言葉を覚え，穂先はどう動いているか「一」の字を書きながら知る。 ♪「はじめのふではおくりのふでに，おわりのふでは左上に」（例） ・「二」の字を書いてみる。 ・力の加え方で正しく整った字になり，そうでない字にもなる。 ・「二」の字は，右上がりになって終筆となることを知る。	・始筆⇒字の書き始め・<u>ゆっくり</u>筆を下ろし，書く線の<u>太さ</u>に応じて<u>力</u>を加える。 送筆⇒書こうとする線の<u>太さを変えないでいっき</u>に筆を進める。 終筆⇒字の書き終わり・筆を<u>軽くおさえる</u>ように止め，左上に<u>ゆっくり</u>持ち上げる。 ・横画の方向に気を付け，筆圧の加え方で正しく整った字になることを実感させる。また，終筆の方向は，右上がりになることに気付かせる。

7. 本時の学習指導（3／3時）

(1)目標

　　○ 始筆・送筆・終筆の筆の動きや横画の書き方を知る。

　　○ 横画の筆圧で，正しく整った字を書くことができることを知る。終筆の方向が右上がりになることに気付く。

(2)展開

過程	学習活動	指導内容	○留意点　◇評価
導入　準備をする	1. 毛筆書写の準備を，これまでに学んだことを守って行う。 2. 姿勢を正しくして，字を書くときの心の準備をする。 3. 本時の学習内容を知る。	・毛筆書写の入門期では，既習学習によってその準備をしっかりさせるようにする。 ・日常の慣れた姿勢から毛筆で書く姿勢に意識を向ける。 ・「一」と「二」から横画の技能を培う。	○準備や姿勢に関しては，しばらくの間は繰り返し指導を行うようにする。 ○本時の学習内容で横画の基礎となる「一」と「二」の手本を書き，示す。
展開	4. 始筆（しひつ）・送筆（そうひつ）・終筆（しゅうひつ）の用語の意味を知る。	・「一」の手本を見たり実際に書いたりして始筆・送筆・終筆を理解する。	○始筆・送筆・終筆は用語として覚えさせる。

| 一の字及び二の字を書く | 5.「一」の字を書いてみる。始筆・送筆・終筆の穂に伝わる力の加え方や穂先がどのように通るかを確かめる。
6.「二」の字を書き，力の加え方で正しく整った字になることを知る。
7. 終筆に向かって，右上がりになることを知る。 | ・穂先の運びを確かめるには，穂先に朱墨をふくませ使うとよく分かる。また整った字になるには，送筆の中心と用紙の中心を意識する。
・「一」の字を正しく整った字に書き，次の「二」の字に進ませる。穂先に朱墨を使い力の加え方や右上がりで正しく整った字になることを実感する。 | ○朱墨は，空き容器などを使う。あらかじめ各人が適切な器を用意する必要がある。

○力の加え方で異なる「二」を比べ，正しく整っている字について，筆圧や右上がりを確かめさせる。 |
| まとめ　後始末 | 8.「一」と「二」について清書する。
9. これまでに学んだ後始末の方法で，かたづけ，用具を大切に扱う。
10. 清書した字を学級の決められた掲示板に展示してみる。 | ・清書は，一斉にさせるようにする。
・後始末の指導も，しばらくは繰り返し行うようにする。用具の保管を含めて大切な指導内容となる。
・展示の方法をあらかじめ指導しておく。 | ◇始筆・送筆・終筆の筆の運びと用語を理解している。
◇正しく整った字を書くために筆圧や穂先・右上がりを意識して書いている。 |

3. 高学年（第5学年及び第6学年）

（1）言葉の特徴や使い方に関する事項（漢字）

1. 単元名　言葉
2. 教材名　漢字の形と音・意味（光村6年）
3. 身に付けさせたい国語力
　　○基本的な漢字の組み合わせを知る。
　.○漢字の部分に着目し，漢字の意味や形のつながりに気付く。
　　○漢字辞典，国語辞典を活用して漢字の読みや意味を調べる。
4. 単元目標と評価規準
　〔単元目標〕
　○同じ部分をもつ漢字には，同じ音や同じ意味があることを知り，漢字の字形や漢字の構成部分について理解を深める。

〔評価規準〕

○漢字には，音を表す部分や意味を表す部分があるという漢字の構成を理解している。

5. 単元について

漢字の学習は，繰り返しの練習で習得される場合が多い。しかし，この活動の前に基本的な漢字の形や音の読み方を理解することが重要である。

音を表す部分と，意味を表す部分の組み合わせでできている漢字を習得させるようにしたい。組み合わせを理解することで，新しい漢字の読みや字画などが身に付くものと考えられる。

6. 言語活動の工夫と指導のポイント

①「漢字の形と音・意味」の文章を読み理解する。

②偏(へん)や旁(つくり)の部分が同じ音の漢字を探す。

③文脈にふさわしい漢字を使って短文を完成する。

④偏(へん)や旁(つくり)が同じで似た意味の漢字を探して集める。（例：持・探・拝）

7. 単元の学習指導計画（全3時間）

次	時	学習活動	指導内容と留意点
一 つかむ	1	・教科書の例文にある「求」「球」「救」の読み方と意味を考える。 ①音を表す部分と意味を表す部分を組み合わせて，学習シートに漢字を作る。 貨，花，化 ②文中にふさわしい漢字を選んで，文を完成させる。 ・清潔な洗面所で顔を洗う。 ・リーダーには，冷静さが必要だ。 ・あの青年はりりしく思えた。 ・晴天なので，洗濯物を干す。	・同じ部分をもつ漢字は読み方も同じ場合があることに気付く。 ・それぞれの漢字に共通する部分をもつ漢字は，読み方も共通していることがある。 ①問題文に当てはまる漢字を選ぶ。 ②字形から音が推測できることに気付く。 ③漢字の同じ部分と，意味を考える。 「清」「静」「青」「晴」
二 ふかめる	2 本時	・同じ部分と意味を表す部分を組み合わせて，漢字を作る。 (1)「イ（ぎょうにんべん）」と「月（にくづき）」の漢字について，共通点を確かめる。 (2)5年生で習った漢字から，宀（うかんむり），禾（のぎへん），艹（くさかん	・同じ部分をもつ漢字は，意味のうえでつながりがあることを確認する。

		むり），氵（さんずい），竹（たけかんむり）などの漢字を集め，部首の意味を考える。（個別） グループで交流し，説明し合う。	・5年生までで習った漢字から調べる。 ・漢字辞典を用意する。
三 ま と め る	3	・5年生までで習った漢字について，同じ偏や旁の漢字を整理し，既習の勉強を生かしてまとめる。	・楽しみながら漢字への興味を高める。

8. 本時の学習指導（2／3時）

(1) 目標

○漢字の同じ部分と意味を考え，偏や旁について学ぶ。

(2) 展開

過程	学習活動	指導内容	○留意点 ◇評価
つかむ	1. 漢字の同じ部分と意味を考える。 2. 「イ」「月」について調べる。	・学習のねらいを確認する。 ・漢字の同じ部分と，意味とのつながりを考える。「脈」「腹」	○漢字辞典，学習シート，記入用カードを準備する。
ふかめる	3. 「イ」は，道や進むこと，行くことに関する漢字に使われることに気付く。「徒歩」「往復」「行軍」などの熟語に使われていることに気付く。 ・書記・通訳・語調・詩・音読・雑誌など，すべて言葉や文章に関係していることに気付く。 ・ぎょうにんべんのつく語を調べてグループで発表する。 4. 「月」の漢字を調べる。 （例）脳，臓，肺，胃，腸	・ぎょうにんべんは，道や進むこと，行くことに関する漢字に使われることを確認する。 ・語例の他に，ぎょうにんべんを探して説明できるようにする。 ・漢字辞典の利用の仕方を確認する。 ・月偏との違いに気付く。「脈」と「月」 ・「月」の漢字は，体の部位を表す文字が多い。教科書の挿絵を活用し，確かめる。	○辞書，辞典を準備する。 ○5年までで習った漢字一覧（教科書巻末）をプリントしておく。 ○辞書をクラス分準備するか，個人で持参させる。 ○辞書の引き方を個別に支援する。 ○「月」の漢字を調べ，月偏との違いに気付く。 ◇漢字では，同じ部分の偏や旁と意味がつながることに気付き，文中で使えている。

まとめる	5. 各自学習したことを全体で交流し，まとめる。 6. 次時の予告をする。	・漢字の偏や旁が同じ部分と意味とのつながりを確認する。	
	6年間に習う漢字から「宀」「扌」「刂」「忄」「氵」「言」等の付く漢字を集め，同じ部分と意味の関わりを考える。		

9. 資料

〈漢字で遊ぼう〉

・□に入る漢字を考えよう。

・問題をつくって友達に出題しよう。

例

第2節 〔思考力，判断力，表現力等〕指導の実際

1. A領域「話すこと・聞くこと」

教科書におけるA領域の構造と系統（光村図書の例）

網掛けした単元の指導事例を示す

	○話す/聞く（受けて返す）	□対話　◆話し合う
入門期から年間を通じて多くの対話場面を体験し，楽しむ学習を重ねる。		
1	○知らせたいことを話したり，聞いたりする。 ○考えながら聞く。	◆二人で話し合う。

2	○大事なことを落とさずに，話したり聞いたりする。 ○質問して，相手の考えを引き出す。 ○伝えたいことを決めて，発表する。	◆考えを出し合い，話し合う。 □対話の練習　道案内の仕方
3	○話を聞いて，質問する。 ○相手や目的を考え，理由を挙げて話す。	□対話の練習 　話合い方を決める。 ◆役割に応じて話し合う。
4	○聞きながらメモを取る。 　聞き取りメモの工夫 ○調べたことを発表する。	□対話の練習 　自分とは違う立場になって考える。 ◆役割を意識しながら話し合う。
5	○「聞くこと」で理解し合う。 ○説得力のある提案をする。	□対話の練習 　二つの立場から考える。 ◆立場の違いを明確にして，計画的に話し合う。
6	○聞いて，考えを深める。 ○資料を使って，自分の思いや考えを効果的に伝える。	□対話の練習 　いろいろな考え方を聞いて，自分の考えに生かす。 ◆目的や条件に応じて，計画的に話し合う。

（1）第1学年及び第2学年

1. 単元名　しつもんをしあって，くわしく考えよう

2. 教材名　「あったらいいな，こんなもの」（光村2年上）

3. 単元の目標

　学習指導要領を「学びの地図」として活用して目標を立てる。すべてを目標にするのではなく，特にこの単元で指導したいことを精選して，位置付けるとよい。

○第1学年及び第2学年の〔知識及び技能〕の指導項目から

　・姿勢や口形，発声や発音に注意して，相手に伝わるように話すこと。

　・丁寧な言葉と普通の言葉との違いを考えて話したり聞いたりすること。

〔知識及び技能〕（1）イ・キ

○第1学年及び第2学年の〔思考力，判断力，表現力等〕A「話すこと・聞くこと」の指導項目から

・話し手が知らせたいことや，自分が聞きたいことを集中して聞き，話の内容を捉えてよりよい考えにしていくこと。

〔思考力，判断力，表現力等〕Aエ

○学びに向かう力，人間性等については，指導事項が具体的に示されていない。本単元で育てたい子供の学びに向かう態度等について位置付ける。

例：相手の考えを聞き出して，よりよいものにしようとしている。

例：相手の質問に答えることで自分の考えを広げようとしている。

4. 評価規準（評価の三つの柱）

知識・技能	思考・判断・表現	主体的に学習に取り組む態度
聞き合うとき（普通の言葉）と，発表のとき（丁寧な言葉）との言葉遣いの違いを考えて活動している。	相手の考えを詳しく聞くために，大事なことは何かを考えて質問したり，答えたりしている。	相手をしっかり見て話したり聞いたりし，自他の考えをよりよくしようとして，質問している。

5. 単元観（教材分析　授業研究）児童用教科書pp.86 〜 89

<u>たしかめよう</u>　「一年生のまなびをたしかめよう」　　　　既習事項の確認

<u>がくしゅうのすすめ方</u>　①　②　③　④　　　　学びの見通しの共有

<u>ふりかえろう</u>　　　　　　　　　　　　　　　　ゴールイメージの共有

　　知る　　　　　丁寧な言い方と普通の言い方の使い方

　　話す・聞く　　学びの成果（詳しく聞くための質問）

　　つなぐ　　　　次の活動で気を付けたいこと

教科書には，児童自身が主体的に学べるような工夫がされている。

　<u>たしかめよう</u>で，本単元に関連のある既習事項を想起し，学びが蓄積されること，活用できることを繰り返し意識させることが大切である。

　<u>がくしゅうのすすめ方</u>は，これからの学習の道筋を示したものである。このような順序で学ぶために，4時間か5時間を自分たちでもデザインできるように示されている。低学年に授業デザイン（学習計画）すべてを任せるのは難しいが，意識させることで上学年になるにつれて学習手順や時間配分などのデザインができるようになる。

　<u>ふりかえろう</u>（「知る」「話す・聞く」「つなぐ」）については，単元のゴールイメージをもって学習する際には，スタートの時点で意識させると効果的である。一方，学習の成果として，単元の終わりに振り返らせることもある。三つの項目「知

る」「話す・聞く」「つなぐ」が，それぞれ【知識・技能】【思考・判断・表現】【主体的に学習に取り組む態度】と対応していることに気づいたであろう。教師による評価が大切なのはもちろんであるが，学習者自身に自分の学びを振り返らせ，学びの手ごたえを実感させるという視点が明確に示された教材である。ここにも，主体的な学び手を育てるための手立てが講じられている。

教材観

1　絵にかく……イメージを膨らませる
↓
2　質問をたしかめる……質問事項の確認（わけ・働き・形や色，大きさ）
↓
3　質問し合って，詳しく考える……**音声教材　QRコードで読み込み可能**
↓
4　丁寧な言葉を使って発表し，感想を伝え合う……敬体「です」「ます」
　「あったらいいな，こんなもの」という教材名は，子供にとって魅力的である。しかも，いつか実現するかもしれないという夢や希望につながる，この時期の子供にはうってつけの題材である。「わくわく」感を大事に導入したい。

1　絵にかく……イメージを膨らませる
　第2学年という発達段階は，本気で空想や想像の世界に遊ぶことができる時期にあたる。ただ，思いはあっても言葉としてはっきりした輪郭をもちきれないもどかしさも共存している。まず，言葉ではなく，具体的なイメージを絵にしてみる，もしくは粘土や段ボールなどで作ってみるという段階を踏ませる構成になっている。その際，掲載されている挿絵を有効に使いたい。また，図工等と合科的に扱うことで，たっぷりした時間を提供することも可能となる。教師も，一緒に描いてみる（作ってみる）となおのこと深い教材研究，教材理解となり，取り掛かりあぐねている子供への適切な支援が可能となる。
2　質問をたしかめる……質問事項の確認（わけ・働き・形や色，大きさ）
　本単元の「わかる」という学びの実感を引き出すポイントである。何について質問すればより詳しくなるのか，相手のイメージを明確にするため，自分のイメージにも輪郭を与えるための質問事項を例示してある。
・あったらいいなと思うわけ

・はたらき（できること）

・形や色，大きさなど

　この質問項目に合わせて，あらかじめ自分の作品の説明を各自考えて次の学習に臨むことが求められている。ここで，注目は「大きさなど」である。つまり，この他にも，聞いてみたいこと，はっきりさせてあげたいことを各自が思い浮かべて質問事項を考えだしたり，それに備えた回答を用意したりするのである。子供たちが考え付いた質問項目を書き加えて掲示しておくとそれを参考にして活動の幅も広がることが期待できる。

③　質問し合って，詳しく考える……**音声教材　QRコードで読み込み可能**

　「話すこと・聞くこと」の具体的な学習活動である。ここでは，音声教材が活躍する。p. 88に，音声教材マークと，QRコードがついている。スマホの機能をうまく使って家庭でも活用できる教科書の工夫である。活用すること。

　実際子供たちのやり取りを見ていると，

・どこに置いておくの？……保管場所（大きさや形に関連して）

・どうやって動くの？……（動くものの場合，動力にも夢が）

・何かに似てる？……（抽象的でわかりにくいとき，比喩的な表現を）

・名前は？名前も付けたらいいんじゃない？（絵から言葉への移行）

・模様も付けたらいいんじゃない？（楽しさの付加など）

　など，様々にイメージが広がっていくのがわかる。この段階では，自由な発想をやり取りすることに重点を置き，丁寧な言葉を使うという指導項目は挙げないほうが効果的であろう。質問されて，答えたことや改めて考えたことは記録させることが重要である（次ページのメモ用ワークシート参照）。

　ただ，子供によっては「質問ごっこ」に興味が偏り，あまり意味もない事柄について質問して相手を当惑させる場面も想定できる。そのようなことを考慮して，あらかじめ，何のために質問するのか，相手の「あったらいいな」をより詳しくするため，相手の気持ちを大事にするための質問であることをしっかり意識させたい。聞き手の質問に対する評価を返すといった指導，例えば，「このしつもん，うれしかったよ。ありがとう」を返すような流れ，「ありがとうシール」「いいねシール」といった視覚化できるワークシートの工夫なども考えてみるとよい。

　基本は，二人組で質問し合うが，ペアを何回か変えてより多くの友達から質問を受けたり，「質問と回答」という「話す・聞く」場をたくさん経験させた

りしたい。時間を設定して，相手交換ができるような授業をデザインしたい。
　「どうして　どんな　どれぐらい　どこ　どうやって　何」といった疑問詞に気づかせるよう教科書には赤いサイドラインが引いてある。しっかりまとめさせたい。

〈メモ用ワークシート〉

```
あったらいいな、こんなもの
　○○○○
・作ったわけ
・はたらき
・形や色、もよう
・大きさ
○友達の質問と、考えたこと
・名前
・もよう
```

4　丁寧な言葉を使って発表し，感想を伝え合う……敬体「です」「ます」

　ここで，提示されている活動は少人数での発表である。何人かの友達とペア学習でやり取りをして，一段と膨らみをもち，明確な輪郭をともなうようになった自分の「あったらいいな，こんなもの」を発表するスピーチの活動である。ここでは，声の大きさや，話す速さ，姿勢や視線，間の取り方など，3までとは違った「話すこと・聞くこと」の知識や技能が求められる。ここでは，改まった言い方，丁寧な言葉を意識した発表をさせたい。また，話す順番，絵などの見せ方等の工夫も促したい。

　教室のスペースや学級の在籍人数，活動時間などによって，少人数グループの構成はかわるだろうが，3・4人が適当であろうと思われる。構成員は，ペアでやり取りした友達以外で組めたら面白い。少なくとも，一人は初めて組む友達がいるほうが興味・関心の度合いが高く，違った観点からの感想が得られる利点がある。

　聞いた後，それぞれが感想を伝え合う時間を必ずもつことで，発表を自分の考えと比べながら聞くという積極的，能動的な聞き手が育つ。感想カードに一

人一人書いて発表者に渡すといった活動にすると，時間の合理的な使い方ができ，記録に残ることで，発表者の振り返りにつながるメリットもある。

6. 単元指導計画（4時間扱い）

次	時	学習活動	指導内容	評価等
一 導入	1	どんな学習をするのか，学習の見通しとゴールのイメージをもつ。「あったらいいな，こんなもの」のイメージを膨らませ，絵にかく。	単元への興味を喚起する。夢が現実になった事例などを挙げ，学習計画を共有させる。 図工科と関連させて指導することも可。	空を飛ぶ，海底に潜るといった人類の夢が実現している事実を紹介する。
二 話す・聞く	2 3	友達の質問に答えるためのワークシートを完成させる。 　わけ　はたらき 　形や色・大きさ 　その他 二人組を作って質問と回答のやり取りをする。 　付け加えたり，訂正したりする 相手を変えて何度か繰り返し，内容を膨らませる。	教師のモデル作品の用意 追加できるメモシートの用意 二人組の作り方 全体のモデルとなるペアを選ぶ。 個別指導	ワークシートの内容は適切か 相手の話に応じた質問ができたか 自分のためのメモは取れたか
三 発表する	4	発表会をする。 初めての友達に自分の「あったらいいな，こんなもの」を紹介する。 友達の発表を聞いて，マネしたいところやよかったところを伝え合う。 振り返りをして，もっと，面白い「あったらいいな，こんなもの」を考える。	各グループを回り，全体発表させたいグループを選ぶ。 　話し方 　聞き方 　感想の伝え方	相手に伝えようとしていたか 話し手のよいところを見つけて伝えようとしていたか

7. 本時指導案 (1/4時)

(1) 目標　単元の学習内容に興味をもち，見通しをもって臨もうとする。

	学習活動	指導内容	評価等
一 導入	今までの学習の中から，今回の単元で使えそうなものを見つける。「あったらいいな，こんなもの」というタイトルから思いつくことを自由に交流する。	新しい単元に入ったときの学習のルールの確認。 ・既習事項を振り返らせる ・学習の流れを確認させる	学習の手順を理解しているか
二 展開	学習計画を立て，今のイメージを表現してみよう 教師の「あったらいいな」を聞き，質問する。 　何がわかれば伝わるか考える。 本文を読み，自分なりにどんなものがあったらいいか，想像する。 ポイント ・何をするものか ・なぜ，それがあったらよいのか，わけを考える。	わくわく感のある「あったらいいな」のモデルを語る。内容の不十分なモデルにしておく。 言葉だけではわからないところを質問させる。 設計段階のものをいくつでも考えてよいことを伝える。 何をどうするものか，なぜ，それがあったらよいのかを考えさせる。	子供の気づきが生まれるようなモデルを考えるポイントに沿って考えているか
三 まとめ	一つだけ選んで，絵にかく。 次の時間，完成させるために質問し合うことを確認する。	時間が足りない子供には家庭学習や自由時間を使ってもよいことを伝える。 友達の力を借りながら完成するので，途中でもよいことを伝える。	わくわくしながら学習できたか

(2) 第3学年及び第4学年

1. 単元名　大事なことを落とさずに聞こう

2. 教材名　「聞き取りメモのくふう」（光村4年上）

3. 単元の目標

　学習指導要領を「学びの地図」として活用して目標を立てる。すべてを目標にするのではなく，特にこの単元で指導したいことを精選して，位置付けるとよい。

○第3学年及び第4学年の〔知識及び技能〕の指導項目から

・比較や分類の仕方を考えながら，目的に応じて必要な事柄を選び，短い言葉で書き留めることができる。　　　　　　　　〔知識及び技能〕（2）イ

○第3学年及び第4学年の〔思考力，判断力，表現力等〕A「話すこと・聞くこと」の指導項目から

・目的を意識して，伝え合うために必要な事柄を選び，要点をわかりやすく書き留めることができる。

・必要なことを記録したり質問したりしながら聞き，話し手が伝えたいことや自分が聞きたいことの中心を捉え，自分の考えをもつことができる。

　　　　　　　　〔思考力，判断力，表現力等〕A（1）ア・エ

○学びに向かう力，人間性等については，指導事項が具体的に示されていない。本単元で育てたい子供の学びに向かう態度等について位置付ける。

例：メモの効用を意識し，積極的に使おうとしている。

例：目的に合ったメモの取り方を工夫し，身に付けようとしている。

4．評価規準（評価の三つの柱）

知識・技能	思考・判断・表現	主体的に学習に取り組む態度
情報を整理・分類する方法としてメモの取り方を工夫し，書き留めている。	話し手が伝えたいことの中心を捉えて，大事なことを選んで記録し，それに対する自分の考えをもっている。	分かりやすいメモの取り方を工夫し，身に付けたことを実際の場で活用しようとしている。

5．単元観（教材分析　授業研究）児童用教科書pp.40 〜 43

　たしかめよう　「三年生の学びをたしかめよう」　　　　既習事項の確認

　学習の進め方　　1　2　3　4　5　　　　　　学びの見通しの共有

　ふりかえろう　　　　　　　　　　　　　　ゴールイメージの共有

　　知る　　　　　効果的なメモの取り方のコツやポイント

　　話す・聞く　　学びの成果（聞き取りメモの実際）

　　つなぐ　　　　学びの成果の，日常生活での活用

教科書には，児童自身が主体的に学べるような工夫がされている。

　たしかめようで，本単元に関連のある既習事項を想起し，学びが蓄積されること，活用できることを繰り返し意識させることが大切である。

　学習の進め方は，これからの学習の道筋を示したものである。このような順

序で学ぶために，単元の学習配当時間（8時間程度）を自分たちでもデザインできるように示されている。低学年での経験を生かし，徐々に学習手順や時間配分などのデザインができるように指導することが必要である。

　ふりかえろう（「知る」「話す・聞く」「つなぐ」）については，単元のゴールイメージをもって学習する際には，スタートの時点で意識させると効果的である。一方，学習の成果として，単元の終わりに振り返らせることもある。三つの項目「知る」「話す・聞く」「つなぐ」は，それぞれ【知識・技能】【思考・判断・表現】【主体的に学習に取り組む態度】と対応している。教師による評価が大切なのはもちろんであるが，学習者自身に自分の学びを振り返らせ，学びの手ごたえを実感させる授業展開を工夫したい。

教材観
１　　経験を思い出す……イメージを膨らませる
↓
２　３　　実際の音声教材を使ってメモを取ってみる　音声教材
　　　　　メモの取り方の工夫について考える　QRコード
↓
４　　工夫を生かした聞き取りメモに挑戦し，交流する
↓
５　　目的に応じたメモの取り方について考え，まとめる
　本単元は，「メモの取り方を工夫する」という「話すこと・聞くこと」の取り立て指導である。中学年になると，メモを必要とする機会が増えてくる。低学年時にも，連絡帳に明日の予定や持ち物等についてメモしてきた経験があるが，自分から工夫して書くというより，言われたことを書き写す，聴き写すといったメモがほとんどであった。子供たちが成長して社会生活を送るうえでも，適切で効果的なメモの取り方を身につけることは重要な資質・能力となる。
　本単元では，メモの技術や技能を単に受動的に学ぶのではなく，どうすれば目的に応じた適切なメモが取れるのか，授業の中で自問したり友達と話し合ったりする対話的な学びを通じて考え，まとめていくという学習の道筋が示されている。

１　経験を思い出す……イメージを膨らませる

　教科書の挿絵を使うと，子供たちに今までの経験を想起させることが容易になる。

　　社会科見学での説明を記録したメモ

　　家庭生活で買い物を頼まれたときのメモ

　　授業で，明日の予定をメモしたこと

　このほかにも，図工の時間に必要な持ち物をメモしたことや，友達と遊ぶ約束をしたときのメモなど具体的に思い出させたい。できれば，うまくいかなかったことや，役に立ったこと等も思い出すと次の活動につなげやすくなる。

２　実際の音声教材を使ってメモを取ってみる　**音声教材**

　「話の内容を後からあなたが説明するとしたら…」という設定が大事である。活動は常に目的を意識させながら進めたい。

　音声教材が用意されているが，必ず一度聞いておくこと。音声教材の話し方のよさなどをまとめておくと，聞き取りメモの指導に厚みが増す。「話す」ときに気を付けること，例えば，話す順番，速さ，間の取り方，アクセントや抑揚など，メモを取りやすい話し方があることにも気づかせるとよい。

３　メモの取り方の工夫について考える　**QRコード**

　同じ話を聞いても，メモの取り方には違いがあることを認識し，よりよいメモの取り方について考える学習である。大事なことを落とさずにメモしているかどうかが評価となる。その際，耳から入ってきた情報をすべて書いておこうとすると無理が生じることを実感させ，要点や箇条書きの指導をしっかりすることが必要である。箇条書きや要点といった「学習に用いる言葉」（教科用語）については，児童用教科書の付録p. 159にまとめてある。教科書を活用しつくすためには，こうした教科書の内容を熟知しておくことが必要である。

　　　箇条書き……事柄を，短く，一つ一つ分けて書き並べる書き方のこと。
　　　　　　　　　「・」や，「①②…」など，記号や数字を用いることが多い。
　　　要　　　点……物事や人の話などの中心となる，大事な事柄のこと

　この段階では，友達のメモと比較して互いによいところを見つけ合い，それを自分に取り入れようとする活動が有効である。よいところの価値付けは，積極的な教師の指導が必要である。子供同士では気づかないことや，必要のないところを価値付けてしまうといった混乱が生じる可能性があるからである。

QRコードの内容で，大事なポイントを確認しながら進めると，音声・文字双方からの情報提供となり，子供たちにも理解させやすいメリットがある。

④　工夫を生かした聞き取りメモに挑戦し，交流する

　実際の場面で，聞き取りメモを取る活動である。内容や話し手については，事前の準備が必要である。校長や学校内の教職員（養護教諭・図書館司書・用務主事など），地域の方や保護者などへ依頼をするには，学習のねらいや内容，子供たちの実態などを伝えておくことが必要である。同じ人の同じ話を複数で聞き，互いのメモを見合って交流し，よいところを取り入れながら進めるという手順を大事にしたい。

　時間等の関係で交渉が難しい場合は，「校長先生の朝会での話」「日直や週番の先生の放送指導」「栄養士さんからの今日の給食」といった日常の話を聞き取るような場を設定してもよい。学年担任同士でビデオに撮って提供することも子供たちの興味・関心を高める有効な方法である。

⑤　目的に応じたメモの取り方について考え，まとめる

　マニュアル的なメモを取る技術を身につけさせるだけでなく，場や目的，相手に応じたメモの取り方を考えることが求められている。常に，目的や相手を意識しながら活動する「考える」言語活動の充実に配慮することが必要である。

　授業のまとめをしっかり行い，確認したことはノートに書き写させたり，教室に掲示したりして確かな知識や技能にしておくと学びの活用や広がりにつながる。

6.　単元指導計画（8時間扱い）

次	時	学習活動	指導内容	評価等
一 導入	1	単元の学習目標を知り，計画を立てる。 メモを取った経験の想起	既習事項の確認 学習目標と学習計画の確認 メモの効用と取り方の課題を整理する。	主体的に学習に臨んでいるか 計画が立てられたか

		学習活動	指導内容	評価等
二 話す・聞く	2 3 4 5 6	・音声教材を使って，聞き取りメモを取る ・3・4人のグループでメモを見せ合い，違いを確認する。友達のよいところを伝え合い，より効果的なメモの取り方について考える ・「聞きながらメモを取るときは」を参考にポイントをまとめる ・実際に話を聞いてメモを取る ・一緒に聞いた友達と比べて，要点の捉え方や箇条書きについて確認する	後で話の内容を説明することを伝える。 代表的なメモを全体で発表し，よさを整理してまとめさせる。 実際の聞き取りメモ教材を準備する。	記号　矢印 箇条書き 要点 書く速さ 文字 囲み 色使い
三 つなげる	7	・この学習で身についたことやこれから使ってみたいメモのポイントについて，まとめる 様々な場を想定して，メモを取る際の大事なことを話し合う。	確認したメモの取り方を学級全体で整理し，共通事項については掲示するなどして意識化させる。	他の領域や教科等で，メモが役立つ場面を想定して提供する。活用できているか確認する。

7. 本時指導案 (3/8時)

(1) 目標　単元の学習内容に興味をもち，見通しをもって臨もうとする。

	学習活動	指導内容	評価等
一 導入	前時に取ったメモを使って説明してみる。 うまくできなかったことの理由を考える。	前の時間に各自が書いたメモを戻し，メモを見ながら隣同士で再現させ，メモの不備に気づかせる。	自分のメモの不備に気づいたか

メモの取り方の工夫について考えよう

二 展開	互いのメモを見せ合い，うまく説明できた理由や，友達の工夫を発見する。	教科書にあるモデルメモを活用する。教師の取ったメモを教材にして，よさや不足を具体的にイメージさせる。	教師作成メモ
	QRコードの内容を確認し，気づきを発表する。 　箇条書き 　要点 グループで「メモの取り方」を整理する。	QRコードの内容を紹介し，気づきを発表させる。 学習用語を確認する。 「メモ取り名人」とか「メモ取りの極意」など，各グループで名前を工夫し，4・5個の箇条書きにさせる。	スマホ等機器の準備
	自分たちのメモの取り方ポイントを箇条書きでまとめ，紹介し合う。	一人一人の考えを交流しながらグループでまとめるようにさせる。	
三 まとめ	各グループの発表を聞いて，自分のポイントに付け加えたり訂正したりする。	次の時間から「聞き取り名人」への挑戦を始めることを予告し，そのためのポイントまとめを促す。	目的を意識したまとめになったか

（3）第5学年及び第6学年

1. 単元名　たがいの立場を明確にして，話し合おう
2. 教材名　「よりよい学校生活のために」（光村5年）
3. 単元の目標

　学習指導要領を「学びの地図」として活用して目標を立てる。すべてを目標にするのではなく，特にこの単元で指導したいことを精選して，位置付けるとよい。

○第5学年及び第6学年の〔知識及び技能〕の指導項目から

・原因と結果など事実と考え・意見など，情報と情報との関係について理解することができる。

・図や表などで，情報と情報（意見）との関係付けを視覚化させることができる。

〔知識及び技能〕（2）ア・イ

○第5学年及び第6学年の〔思考力，判断力，表現力等〕A「話すこと・聞くこと」の指導項目から

・意図に応じて話の内容を捉え，話し手の考えと比較しながら，自分の考えを

　　まとめることができる。

・互いの立場や意図を明確にしながら計画的に話し合い，考えを広げたりまとめたりすることができる。　　〔思考力，判断力，表現力等〕Ａ（1）エ・オ

○学びに向かう力，人間性等については，指導事項が具体的に示されていない。本単元で育てたい子供の学びに向かう態度等について位置付ける。

　　例：話合いの効用に気づき，日常生活における課題解決に向かって，積極的に使おうとしている。

4. 評価規準（評価の三つの柱）

知識・技能	思考・判断・表現	主体的に学習に取り組む態度
立場を踏まえた情報を図や表を活用して，わかりやすく整理・分類している。	テーマに関する自分の意見をもち，他の意見を取り入れながら，まとめる方法について，考え表現している。	日常の様々な場面での課題解決に，立場の違う人と話し合うことが有効であることを知り，活用しようとしている。

5. 単元観（教材分析　授業研究）児童用教科書pp.128 ～ 135

　　確かめよう　「四年生の学びを確かめよう」　　　　　　既習事項の確認
　　学習の進め方　1　2　3　4　5　　　　　　学びの見通しの共有
　　ふりかえろう　　　　　　　　　　　　　　　　　ゴールイメージの共有

　　　知る　　　　　　考えを整理するときの効果的な記録の取り方
　　　話す・聞く　　　話合いの方法の確認（質問の仕方）
　　　つなぐ　　　　　学びの成果の，日常生活での活用

教科書には，児童自身が主体的に学べるような工夫がされている。

　確かめようで，本単元に関連のある既習事項を想起し，学びが蓄積されること，活用できることを繰り返し意識させることが大切である。本単元では，下学年の学習だけでなく，5年生の既習教材「どちらを選びますか」（以下を参考）といった立場を明確にして表現する際の練習教材等についても，再度たしかめさせたい。

〈「どちらを選びますか」p. 96（対話の練習）学級ディベート〉
二つの立場から考える

・互いに理由をたくさん挙げ，質疑応答を通して二つの立場の違いをはっきりさせる。

・互いの意見のいいところや問題点を比べることで，どちらの考え方に説得力があるかを考える。

　学習の進め方は，これからの学習の道筋を示したものである。単元の学習配当時間（6時間程度）を自分たちでもデザインできるように示されている。低学年や中学年での経験を生かし，主体的な学び手として手順や時間配分などの学習デザインができるように指導することが必要である。

　ふりかえろう（「知る」「話す・聞く」「つなぐ」）については，単元のゴールイメージをもって学習する際には，スタートの時点で意識させると効果的である。一方，学習の成果として，単元の終わりに振り返らせることもある。三つの項目「知る」「話す・聞く」「つなぐ」は，それぞれ【知識・技能】【思考・判断・表現】【主体的に学習に取り組む態度】と対応している。教師による評価が大切なのはもちろんであるが，学習者自身に自分の学びを振り返らせ，学びの手ごたえを実感させる授業展開を工夫したい。

教材観
① 　学校生活の中から議題を決める
↓
② ③ 　自分の立場を明確にして提案内容を考える
　　　　話合いの仕方を考え，進行計画を立てる
↓
④ 　計画に沿ってグループで話し合う　音声教材　QRコード
↓
⑤ 　話し合ったことをクラス全体で共有し，感想を伝え合う

　本単元は，「話すこと・聞くこと」の中でも「話し合うこと」の取り立て指導である。これまでも，様々な「話合い活動」を経験してきているが，高学年では，その話題が低・中学年と比較してより公共性の高い，客観的な立場を意図したものになってくるところに特徴がある。ここでは「よりよい学校生活」という幅広いものになっているが，各学校や学級によって，緊急性の高い話題や，より児童の生活に密着した課題解決の求められる話題を設定するほうが，学習意欲や当事者意識を喚起するうえでは望ましい。ただ，国語科の指導目標は「立場の違いを前提とした話合いの仕方」「考え（提供された情報）の整理の仕方」

「異なる意見のまとめ方」といった「話すこと・聞くこと」の知識や技能，思考・判断・表現力等の育成にあるということである。特別活動との違いは，課題解決そのものに重きを置くのではなく，話合いの仕方の習得をこそ，評価しなければならない点である。そのことは，「ふりかえろう」に示されている項目からも考えられる。国語科の指導を効果的に行うためには，学習指導要領には，各領域に例示された言語活動例を用いることが述べられているが，どれも，大きなくくりになっており，どんな議題を設定するかは，授業者にゆだねられている。児童の実態，学級や学校，地域の状況に応じて，確かな「話す能力」を身につけるための魅力的な議題を設定したい。

6. 単元指導計画（6時間扱い）

次	時	学習活動	指導内容	評価等
一 導入	1	単元の学習目標を知り，計画を立てる。 話し合うための議題を決める。	既習事項の確認 学習目標と学習計画の確認 学校生活で，解決したい課題を想起させる。	主体的に学習に臨んでいるか 計画が立てられたか
二 話す・聞く	2 3 4 5	自分の立場を明確にする。 　現状　問題点の整理 　具体的な解決方法 　そう考えた理由 話合いの仕方を確かめる。 　進行計画（時間設定） 　グループ編成 　司会等の役割確認 **音声教材　QRコード** 計画に沿って話し合う。 　一人一人の考えの発表と分類・整理 グループとしてまとめるために話し合う。	自分の考えをまとめるための時間を十分に取り，付箋など資料整理の方法やツールを提供する。 既習事項を活用して意見交流をさせる。 　聞き取りメモの活用を促す **音声教材　QRコード** 分類整理の仕方の工夫を促す。 　グループ指導	教師のモデル 調査やインタビューも認める 「話合いでよく使う質問の仕方」等の提示思考ツール

三 つなげる	6	グループの中でまとめたことを，クラス全体で発表する。感想を共有する。 学びを振り返り，自己評価する。	決まったことを発表するだけでなく，どういう経緯でまとめたのかも伝えるよう促す。	話合いの仕方を実践できたか 話し合うことのよさに気づいたか

7. 本時指導案（4/6時）

（1）目標　話合いの仕方を共有し計画に沿って話し合い，相互の立場を理解しつつ，グループの意見をまとめることができる。

	学習活動	指導内容	評価等
一 導入	前の時間に決めた進行計画を確認し合う。 音声教材を視聴し，話合いに必要な点を共通認識する。	立場の違うメンバーを入れた意図的なグループ編成 音声教材準備	本時の目当てが認識できているか
二 展開	立場や考えを認め合い，グループの意見をまとめよう 計画に沿って4人グループで話し合う。 話合いの過程をホワイトボードで記録しながら進める。 　考えを広げる話合い 　　一人一人順番に発表 　　質疑応答 　考えをまとめる話合い 　　共通点・相違点の確認 　　決定するための条件 　　よりよい考えへの妥協	タイムキーパー 行き詰まっているところへの個別指導 　意見が対立したときにはp. 134 　意見のまとめ方は，机間指導で補う 価値ある活動をしているグループの様子を取り上げて紹介する。	役割を互いに尊重しているか 立場を明確にして適切な理由が話せているか
三 まとめ	話し合ったことをまとめる。	短冊やカード，ホワイトボードなど，発表用のツールの準備 記録係へまとめ方の個別指導	立場を大事にできたか

話合いを深めるために使える言葉

話合いを深める魔法のフレーズ
（詳しい説明や考えを聞きたいとき）
〜というのは、どういうこと？
具体的に言うと、例えばどういうこと？
♥どんなときにそう考えたの？
（たしかめるとき）
♥…とは、〜のことですか？
♥つまり、〜ということですか？
♥いいかえると、…ということ？
（理由や方法を聞くとき）
♠どうして、〜と考えたのですか？
♠どんなふうにやるのですか？
♠いつ、どこでやるのですか？
（評価や判断をたしかめたり、伝えたりするとき）
◆選ぶとしたらどちらですか？
◆…の点については、賛成ですか、反対ですか？
○私は…と思うのですが、どうですか？
○確かにその考えもわかる。ただ…
○それなら、こうしたらどうだろう…

　高学年のA領域の言語活動には，本単元（それぞれの立場から考えを伝え合う活動）のほかにも，意見交換会，提案プレゼンテーション，インタビューによる情報収集とその発表などが挙げられている。形式も，パネルディスカッションや，シンポジューム，弁論大会，ディベート，ビブリオバトル等々，多彩である。A領域で学んで身につけた「話合いの仕方」を様々なところで使って表現することが，「話し方や聞き方，話合い方」の技能向上には不可欠である。教師は，意識してこうした技能や技術を活用した授業展開を考えていく必要がある。新学習指導要領の提唱する「カリキュラム・マネジメント」における教科横断型，学年縦断型の学びの充実にも関係するところである。

2. B領域「書くこと」

(1) 第1学年及び第2学年

1. 単元名　ていねいにかんさつして，きろくしよう

2. 教材名　「かんさつ名人になろう」（光村2年上）

3. 単元の目標

　学習指導要領を「学びの地図」として活用して目標を立てる

　特にこの単元で指導したいことを選んで，目標に位置付ける

○第1学年及び第2学年の〔知識及び技能〕(1)の指導項目から，

　例　オ　観察したことを表す語句の量を増やすことができる。

○第1学年及び第2学年の〔思考力，判断力，表現力等〕のB「書くこと」の指導項目から，本単元で特にあなたが指導したいものを選んで

例：ア　観察したことを記録するために必要な事柄を集めたり確かめたりすることができる。

例：ウ　自分の思いや考えが伝わるように，語と語や文と文の続き方に注意しながら書き表すことができる。

例：オ　友達と読み合って，自分の表現の良いところを見つける。

○〔学びに向かう力，人間性等〕　学習指導要領には指導事項は示されていない。本単元で育てたい子供の学びに向かう態度について位置付ける

例：観察したことを正確に分かりやすく記録しようと工夫している。

4. 評価規準（評価の三つの柱）

知識・技能	思考・判断・表現	主体的に学習に取り組む態度
・「かんさつ」や「きろく」という語句の意味を正確に理解している。 ・様子や動きを表す言葉を身につけている。	・どんなことを観察すればよいか考えてメモしている。 ・語と語の続き方について考えながら文章を書いている。	・もっと分かりやすい書き方はないか，工夫しようとしている。 ・友達の記録の良さを見つけ，自分に取り入れようとしている。

5. 単元観（教材分析・授業研究）児童用教科書pp. 52 〜 57

単元観を明確にするために，教材分析から始める。教科書の単元構成を確認して単元指導計画につなげる。

○アイコンも見落とさないで（提供された情報に敏感になる）

「書くこと」の力をつける単元であることを子供と一緒に確認する。

○タイトル読み

「かんさつ名人」というタイトルは，魅力的である。注目して子供のやる気スイッチを押す工夫も。「かんさつ」という言葉の共通理解を図る。具体的には，例文作成，空欄書き込み等で「見る」との違いに気づかせる。

例：景色（海・山）を　　　　　　　　　　　　花の作りを

○ たしかめよう　p. 6　既習事項の確認

児童の学びの定着度を診断。既習経験の想起で学習時間の効率化を図る。

・字を正しくかく。

・文のおわりにまる（。）をつける。

・よみやすいように，てん（,）をつける。

・「は」「を」「へ」を正しくつかう。

・せつめいのじゅんに気をつけて，わかりやすくかく。

・文しょうをかいたら，まちがいがないかよみなおす。

・ともだちの文しょうをよんで，おもったことやわかったことをつたえる。

○ がくしゅうのすすめ方　　①　②　③　④

子供たち自身が学習の見通しをもつことが主体的な学びの条件。

①　かんさつするものをきめる。（課題設定）　ていねいにかんさつする。メ
モを取る。（取材）

②　ともだちと話す。（取材・選材，構成）

③　きろくする文しょうを書く。（記述，推敲）

④　読みあう。（共有）

○本文の音読　新出漢字の学習（漢字黒板　漢字ドリル　家庭学習）

新出・読みかえ漢字については，筆順等正確に指導する。特に間違いやすい
漢字については，全体で共有させる。

例：「長」「方」の筆順　　　　「数」「形」のつくり（部首）など

①　かんさつするものをきめて，ていねいにかんさつしよう。p. 53

(1) 観察対象を決定させる。

自分が記録したい対象物を決める。教科書には植物（ミニトマト）と動物（か
たつむり）が例示されている。条件は，変化のあるものを選ばせたい。植物な
ら生長，動物なら動き。学校・学級の実態に応じて数種類用意し，子供たちに
選ばせるなど，子供のわくわく感を掻き立て，主体性を尊重する学習のスター
トを切りたい。生活科で生き物の飼育や栽培についての学びを組み合わせたり，
図工で見たものを描く活動と連動させたりするなど教科横断的な扱いも工夫し
たい。

(2) 様子や動きを観察する視点を提示し，表す言葉を獲得させる。

・大きさや形・色　　　・長さをはかる　　　・数を数える

・前後・左右，上下・表裏　　　・触感　嗅覚　味覚

・手のひらくらいの大きさ，親指くらいの太さなどの表現

・星みたいな形（比喩的表現）　・ぎざぎざ　ざらざら（擬態語）

(3) 簡単なメモづくり

　ワークシート（かんさつメモカード）を活用し，メモの取り方も含めて指導する。教科書のモデル例示を参考にする。教師が作ったモデルならなおよい。

観察するもの				
気がついたこと	うごき・へんか	いろ　かたち　てざわり	おおきさ　長さ・数	日・天気

教室掲示物例

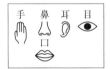 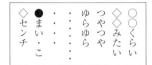

② 　見つけたことや気づいたことを，ともだちと話そう。pp. 54 ～ 55

　観察して気づいたことを，メモを見ながら確認する活動である。この時期の児童は，自分の記録を客観的に見直すことは難度が高い。友達に話すという活動を梃（てこ）に自分の思いや考えを明確にすることができる。同じ観察対象同士の3・4人組や，異なるものを選んだペアを構成して，やり取りさせる。聞き手は必ず，相手の良いところを伝える活動を設定しておくことが大切である。もちろん，もっと聞きたいことを質問する活動も入れておくとなおよい。ペア活動の場合は，相手を変えて何人かの友達に話すことで違った角度からの感想を得ることができる。友達に話しながら，わかりやすく伝えるために，記録文に書く内容や順番を意識させる。

③ 　かんさつしたことをきろくする文しょうを書こう。pp. 55 ～ 56

　「書くこと」記述の指導事項ウを明確にして，ねらい達成のための学習内容であることを意識して指導する。下に示す教科書のモデル文のポイントと簡単なメモづくりに使用した「かんさつメモカード」の整合性を図っておくことで

スムーズな学習になる。今までの学習とのつながりや，児童の実態を考慮した教師のモデル文があれば，それがベストである。絵や写真を添えて記録を補えることにも気づかせる。

六月八日（月）くもり
ミニトマトのみが大きくなってきました。いちばん大きなみは、ビー玉ぐらいです。色は、みどり色です。さわってみると、つるるしていました。みの先のほうには、かれた花がついていることに気がつきました。
かおを近づけたら、赤いトマトと同じにおいがしました。

p.56のモデル文

五月十八日（月）晴れ
ミニトマトに黄色い花がさきました。
花は、ほしみたいな形にひらいていて、花びらはどれもそりかえっています。花びらをそっとさわってみたら、さらさらしていました。

p.55のモデル文

書くこと名人になるために
◇「。」や「、」はだいじょうぶ？
◇「は・へ・を」は？
◇字は、正しく書けていますか？
◇分かりやすくつたえるくふうは？
分かりました・気がつきました……つかえたかな？
つけました……つかえたかな？・見

　p.56「よく分かるように書けているか，読みかえしましょう」という呼びかけは「推敲」活動である。前述の既習事項を参考に読み直しの視点を掲示するなどの工夫が有効である。読み返す習慣づけを意識して指導する。

4　書いた文しょうを読みあおう。p.57
　指導事項では「共有」にあたる活動である。今回の学習指導要領の改訂では，低・中・高学年を通して「自分の文章の良いところを見つける」ことが示されている。友達と読み合う活動をする中でも，互いに良いところを見つけ合って，それを伝えることに重点を置きたい。様々な意識調査の結果，日本の子供たちの特徴として「自己実現感の低さ」が挙げられている。間違いをあげつらうのではなく，まずは,「ここいいね！」を伝え合う活動を入れたい。特に低学年では，認められる，褒められる経験をたっぷり味わわせることが大切である。そのうえで，「もっと良くするには，どうしたらいいと思う？」「これ読んで，もっと知りたいことがある？」と尋ね合わせる協働活動に進めると効果的である。まさに対話的学びである。
　「読みあおう」という活動には，友達の書いたものを読むことと思いがちだが，自分の書いた文章を相手に読んで聞かせる活動も入れておくとよい。声に出し

て自分の書いたものを読むことで，自分なりの気づきも生まれる。「推敲」のとき，友達に読んで聞かせる練習の一環として「声に出して読む」習慣をつけておくと，自分で間違いに気づく能力が育つ。言葉を見直すという，より深い学びにもつながることが期待できる。

　友達同士で，「いいねシール」を貼り合うなど，具体的な方法を取り入れると活動が焦点化され，主体的な学びが生まれる。

　「いいねシール」　　班ごとに色の違う市販のカラーシールを用意する。
　　　　　　　　　　　サインペンで自分の名前や番号を書かせておく。

　p. 57の「たいせつ」は，一斉に音読したり視写させたりすることで意識化を促す。観察のための視点は，生活科や理科等，他教科や今後の学習にも応用できるものである。カリキュラム・マネジメントの観点からも大切に扱いたい単元である。

　教科書には，ふりかえろう として，「□しる□書く□つなぐ」の3観点が示されている。丁寧に扱い，子供たちの学びのまとめに活用したい。

6. 単元指導計画（10時間扱い）

　継続観察の必要な単元である。生活科の野菜の育て方等の単元との時間的な関わり等にも注意して計画することが必要である。以下は，展開部を2回繰り返す学習として計画した例である。

次	時	学習活動	指導内容	評価等
一　導入	1	教科書を読む。 新出漢字や難意語を学ぶ。 観察文を書くことを知る。	・音読指導 ・文字指導・語句指導 観察対象を決めさせる。	家庭学習 生活科
二　取材・構成・記述・	2	生活科の時間と合科 観察する（第1回）。 観察メモを書く。	観察する際の観点を示す。 メモの書き方を指導する。	観察メモ カード
	3 4	メモに基づいて友達に話す。（第1回） 話す順番に番号をつける。	観察内容を話すときの順番を意識させる。	ペアやトリオで交流する

推敲・共有	5 6	観察文を書く。 　1年生のときの学習の復習。 　絵と文をかく。	1年生の既習事項を想起させる。読み返す習慣をつける。	観察文推敲の視点
	7 8	友達と読み合う。 良いところを見つける。	2回目の活動があることを知らせ，より良い書き方を考えさせる。	いいねシール
	9	第2回の学習サイクル 　観察・メモ 　友達に話す 　絵と文で観察文を書く	繰り返しの学習であることを知らせ，第1回の学びを使って進めるよう促す。	個別指導に重点を置く
三 ま と め	10	「たいせつ」を視写する。学習を振り返り，自己評価する。	学びを価値づける。 できるようになったことを自覚させる。	

発展：生活科と連携した継続観察と観察文を書く活動を促す。

(2) 第3学年及び第4学年①

1. 単元名　事実を分かりやすくほうこくしよう

2. 教材名　「新聞を作ろう」（光村4年上）

3. 単元の目標

　　学習指導要領を「学びの地図」として活用して目標を立てる

　　特にこの単元で指導したいことを選んで，目標に位置付ける

○第3学年及び第4学年の〔知識及び技能〕(1)(2)の指導項目から，

　　例　(1)カ　指示語や接続語などに注意して文や文章を整えることができる。

　　　　(2)イ　引用の仕方や出典の示し方を理解し使うことができる。

○第3学年及び第4学年の〔思考力，判断力，表現力等〕のB「書くこと」の

　　指導項目から，本単元で特にあなたが指導したいものを選んで

　　例　ア　相手や目的を意識して，集めた材料を分類・整理することができる。

　　例　ウ　自分の考えとそれを支える理由の関係を明確にして，書き表し方を

　　　　　　工夫することができる。

　　例　エ　相手や目的を意識した表現になるよう，文章を整えることができる。

○〔学びに向かう力，人間性等〕　学習指導要領には指導事項は示されていない。

　　本単元で育てたい子供の学びに向かう態度について位置付ける

例：日常生活でも，新聞の構成や内容に興味をもちすすんで読もうとする。

4. 評価規準（評価の三つの柱）

知識・技能	思考・判断・表現	主体的に学習に取り組む態度
指示語や接続語を適切に使い，段落構成を整えている。	・新聞という情報媒体の特徴を理解し，割付したり記事を書いたりしている。 ・伝えたいことの中心がはっきりした目的意識の明確な文章を書いている。 ・事実が正しく伝わるように文末を意識して書いている。	・事実を正確に伝えようとしている。 ・日常生活に生かそうとしている。

5. 単元指導計画（12時間扱い）

単元末のコラム「アンケート調査の仕方」も含めた指導時間

次	時	学習活動	指導内容	評価等
一 導入	1	教科書p.88を学ぶ。 学習の目的や方法を知る。 　既習事項p.6 　要約するとき　p.86 　学習の進め方 新出漢字や難意語の確認。	グループ新聞であること。 伝えたいことが読み手に伝わる書き方を工夫することが学習のねらいであることを共通理解させる。	新聞を持ち寄る 家庭学習
	2	複数の新聞記事から，新聞の書き方の工夫を見つける。	p.89の内容確認。 　新聞名　発行日　発行者 　見出し　リード文 　写真・図・表・絵	グループ学習から，全体確認
二 取材・構成・	3 4 5 6	グループで話し合って新聞のテーマを決める。	いくつかの例を出して選ばせる。 過去の4年生の制作した新聞を見せるなどイメージをもたせる。	結論に導くための話合い
		テーマに基づいて取材活動をする。記事の内容を集める。	p.90「取材のしかた」 p.96「アンケート調査のしかた」を教材に指導する。	課外活動も含める

記述・推敲	7 8 9	構成（割付）を相談する。 内容を3・4個に絞る。 順番（重要度）・記事の大きさ（字数）・文字以外の場所と内容を決める。	実際の新聞をもとに，いくつかのモデルを提示し，グループで決定させる。	モデル用紙
		記事を分担して書く。 　一番言いたいことを最初に 　一文を短くする 　効果的なキャッチコピー	新聞の特徴を確認する。 　短時間で伝わる工夫 　事実を正確に 　大事なことを落とさず	個別指導
	10	新聞を仕上げる。 分担して書いた記事を推敲する。	推敲の観点を明確にする。	※推敲チェックリスト
共有	11	新聞を読み合う。 他グループの新聞を読んで感想を伝え合う。	割付，見出しのつけ方，資料内容等，視点を決めて感想をもたせる	付箋
三 まとめ	12	「たいせつ」を視写する。 学習を振り返り，自己評価する。	学びを価値付ける。 できるようになったことを自覚させる。	他教科に生かす

※新聞記事推敲チェック（教科書p.93より）

6 新聞を仕上げよう。

事実や文章の書き方にまちがいがないかや，分かりやすく伝えられているかを，グループで読み合ってたしかめましょう。まちがいがなければ，清書した記事をはり合わせて，新聞の完成です。

記事を読み合うときには，次のことに気をつけましょう。

・文字のまちがいはないか。
・句読点や符号の使い方はよいか。
・主語と述語は合っているか。
・「です」「ます」と，「だ」「である」が交ざっていないか。
・事実のあやまりはないか。
・読み手に分かりやすく伝わるか。

　本単元は，p.88の下に白抜きで示されている①新聞のとくちょう，②テーマの設定，③取材，④わりつけの相談を重点として指導する。書く単元の指導重点事項を意識して指導時間を配当するなどの工夫をし，評価を的確に行うことが大切である。

(2) 第3学年及び第4学年②

1. 単元名　組み立てにそって，物語を書こう
2. 教材名　「たから島のぼうけん」（光村3年下）
3. 単元の目標

   学習指導要領を「学びの地図」として活用して目標を立てる

   特にこの単元で指導したいことを選んで，目標に位置付ける

   ○第3学年及び第4学年の〔知識及び技能〕(1)(2)の指導項目から，

   　例：(1)オ　様子や行動，気持ちや性格等物語に用いる語句の量を増す。

   　　　　　カ　主述，修飾・被修飾等の関係について理解することができる。

   ○第3学年及び第4学年の〔思考力，判断力，表現力等〕のB「書くこと」の

   　指導項目から，本単元で特にあなたが指導したいものを選んで

   　例：イ　書く内容の中心を明確にし，構成を意識して書くことができる。

   　例：エ　物語の展開や読み手を意識して，文章を整えることができる。

   　例：オ　展開の面白さや，言葉の使い方など良さを伝え合うことができる。

   ○〔学びに向かう力，人間性等〕　学習指導要領には指導事項は示されていない。

   　本単元で育てたい子供の学びに向かう態度について位置付ける

   　例：物語の構成や登場人物のプロフィールに興味をもち，すすんで読書する。

   　(2)言語活動例　ウ

4. 評価規準（評価の三つの柱）

知識・技能	思考・判断・表現	主体的に学習に取り組む態度
様子や行動，気持ちや性格を表す言葉を豊かに使っている。文が整っている。	物語の展開を豊かに想像して書いている。物語の中心を決め，構成を意識して書いている。　はじめ・中・終わり　起・承・転・結　登場人物の性格を設定し，それにふさわしい会話や行動を書いている。	想像しながら物語を作り出すことを楽しんで取り組んでいる。図書室等で，いろいろな物語をすすんで読もうとしている。

5. 単元指導計画（10時間扱い）

p. 157　言葉のたから箱　の活用

次	時	学習活動	指導内容	評価等
一 導入	1	教科書p. 81を学ぶ。 学習の目的や方法を知る。 　既習事項 　構成の参考に 　学習の進め方 新出漢字の確認。	物語の作者になることを知らせ，わくわく感をもたせて授業に入る。今まで読んだ物語の面白さを交流させる。	冒険ものの絵本などを教室にそろえる
二 構成・記述・推敲・共有	2 3	p. 82の地図を見て，物語の内容を想像する。	ペアやトリオで自由に想像を交流させる。 「物語の内容を考えるときには…」を参考にさせる。	地図のコピー
	4 5 6	想像したことをもとに，組み立てと場面の様子を考える。登場人物・ぼうけんコース・始まりと終わり	物語の構成と場面の様子を考えさせる。p. 83や，教師のモデル文を参考にさせる。	構成ワークシート モデル文
	7 8 9	物語を書く。 　人物にふさわしい会話を入れる	出来事は2・3個に限定する。結末は，成功と失敗を選ばせる。	個別指導 言葉の宝箱
		友達と作品を読み合う 　面白かったところ 　伝わる言葉の使い方	良かったところを伝え合わせる。	感想のしおり
三 まとめ	10	「たいせつ」を視写する。 学習を振り返り，自己評価する。	学びを価値付ける。 できるようになったことを自覚させる。	第2巻を作成してもよい

　教師のモデル文が基準となる。子供の書く力を考慮して字数を示す。地図にコースを書き入れたり，登場人物に名前をつけたりするなど，楽しく想像させたい。話すことでイメージが明確になる。対話的な学びを取り入れたい。

物語の内容を考えるときには

・冒険するのはどんな人物か
・どのようにして宝の地図を手に入れた
　か
・どのコースを選び、どんな危険を経験
　させるか
・そのとき、どんな行動で切り抜けたか
・宝物は手に入ったか
・どんな宝物だったか
・登場人物は、その後どうなったか

「言葉のたから箱」の使い方
「コトバンク」にたくさんためていこう

気になった言葉…調べて
気に入った言葉…文づくりで使って
辞書引きで見つけた言葉
読書や授業で気になった言葉
友達が使っていた素敵な言葉

どんどんためていきましょう。

(3) 第5学年及び第6学年

1. 単元名　読み手が納得する意見文を書こう

2. 教材名　「あなたは，どう考える」（光村5年）

3. 単元の目標

　　学習指導要領を「学びの地図」として活用して目標を立てる

　　特にこの単元で指導したいことを選んで，目標に位置付ける

○第5学年及び第6学年の〔知識及び技能〕(1)(2)の指導項目から，

　　例：(1)オ　思考に関わる語句の量を増し，文や文章の中で使える。

　　　　　カ　意見文の特徴を理解し，適切な構成や展開を理解できる。

○第3学年及び第4学年の〔思考力，判断力，表現力等〕のB「書くこと」の

　　指導項目から，本単元で特にあなたが指導したいものを選んで

　　例：ア　取材内容を分類したり関係付けたりして書くことができる。

　　例：ウ　事実と意見を区別して書くことができる。

　　例：オ　文章全体の構成や書き表し方に着目し文章を整えることができる。

○〔学びに向かう力，人間性等〕　学習指導要領には指導事項は示されていない。

　本単元で育てたい子供の学びに向かう態度について位置付ける

　　例：生活をよりよくするために，様々な事象を見直そうとしている。

　(2)言語活動例　ア（意見文）

4. 評価規準 （評価の三つの柱）

知識・技能	思考・判断・表現	主体的に学習に取り組む態度
・意見文の特徴，自分の考えが明確なこと，読み手を説得するための表現であることを理解している。 ・逆の立場の意見に反論するための語句を使える。	・興味のあることについて，自分の意見をもち，その根拠となる事実を関係付けて，説得力のある文章を書いている。 ・意見文の特徴を意識し，文章全体の組み立てを工夫している。	・逆の立場に立って物事を多面的に見ようとしている。 ・説得力のある書き方を，日常生活や他教科等にも活用しようとしている。

5. 単元指導計画 （課外活動も含めて8時間程度）

次	時	学習活動	指導内容	評価等
一 導入	1 2	学習の目的や方法を知る。 　既習事項p.8 　学習の進め方 新出漢字の確認。 教科書のモデル文を読んで，書きぶりの良さを学ぶ。	物事や事象について自分の考え（主張）をもつことの大切さを指導する。説得力のある意見文を書くことに意欲をもたせる。	新聞の投書欄の記事など，身近なモデルを用意する
二 取材・構成・記述・推敲・共有	3 4	身の回りのことから題材を決め，資料を収集する。	p.175の題材例以外にも，児童の実態に応じたものを用意する。	課外活動家庭学習
	5 6 7	集めた資料を基に自分の考えをはっきりさせる。 主張の理由と根拠を整理する。	立場の決定のために，グループで話し合わせるなど，主張を明確にさせる。	意見カード
		文章の構成を決めて書き始める。 途中で推敲しながら説得力のある文章にする。	逆の立場からも考え，反論も用意させる。逆説の接続詞や，文末表現を示す。字数400〜500字程度。	構成ワークシートモデル文提示
		友達の主張を読み合って，根拠の有効性や，納得できる理由等，説得力のある表現について伝え合う。	逆の立場からの意見文にも挑戦してみるよう促す。	チェックリストに沿って自己評価

三 まとめ	8	「たいせつ」を視写する。 学習を振り返り，自己評価する。	学びを価値付ける。 できるようになったことを自覚させる。 次の課題に挑戦を促す。	投書するなど実生活に生かそうとする

　教科書のモデル文が基準となる。子供の書く力を考慮して字数を示す。

6. 本時指導案（5・6／8時）2時間扱い

目標　構成を確認し，事実と考えを区別して意見文を書く。

　　　理由と根拠の整合性を考えて書く。

次	学習活動	指導内容	評価等
一 導入	前時を振り返り，本時の学習課題を確認する。	構成を確認する。頭括型・尾括型・双括型の文章構成の特徴を理解させ，自分の意見文の構成を選ばせる。	自分の考えで選んでいるか
二 展開	前の時間に選んでおいた取材カードを構成用のワークシートに，置きなおす。 違う立場の意見を参考にして説得力のある根拠をつけ足す。 構成に基づいて意見文を書く。	**構成を考え，読み手が納得する意見文を書く** p.177双括型モデルを参考にさせる。 小グループで，予想される反論について，アドバイスし合えるようにする。 p.178の「予想される反論・それに対する考え」の書きぶりを参考にさせる。	頭括型や尾括型のモデルも用意しておく 逆説の接続詞の効果的な使い方
	書き上げた意見文を読み返して，自己推敲をした後，グループのメンバーで読み合い，気が付いた点をアドバイスする。	特に，反論への対応について，納得できるか友達の意見を参考にさせる。	推敲チェックリスト
三 まとめ	今日の学習を振り返り，納得させられる構成についての理解を深める。 友達からのアドバイスをまとめる。	次の時間の予告 ・書き上げた意見文を読み合い「納得度」とその理由を伝え合う。	家庭学習で書き上げてくる

　自分の主張を明確にもち，それを読み手に的確に伝えることは，これからの時代に必須の言語表現能力である。ただ，主張を押し通すのではなく，読み手を納得させるためには，誰もがうなずける理由や根拠が必要である。

　根拠が客観的であればあるほど，読み手の納得は深い。数値や調査データ，権威のある人の言葉や証言，誰もが経験したことのある出来事など，意見文作成に際しては裏付けのある根拠を示すことが重要である。初めて意見文に取り組む第5学年ということではあるが，これまでに学んだ調査報告書や，提案書などの経験を生かした指導をしていきたい。

　自分の主張への反論を予想し，それに対応する反論のための反論を位置付けるには，立場を変えた見方・考え方をしてみることが有効である。A領域で経験するディベート的なものの見方などが参考になる。立場を変えるということは，物事を冷静に見る目を養うことや，相手の立場や主張を一方的に退けることなく，一部認めながら着地点を模索する思考力・判断力・表現力等を育成することにもつながる活動である。

　本単元での学習を日常的に生かし，多角的多面的な思考力を育てたい。

　そのためにも，どのような文脈で，どんな語句をつなげて表現すれば意が通じるかという言語能力，「言葉の力」を確実に習得させたいものである。

■主張の理由：○○という主張に至る判断のよりどころになる事柄
■主張の根拠：主張を支える，事実や体験などの具体的な事例

■頭括型
「結論（主張）→なぜなら（理由・根拠）」

■尾括型
「理由・根拠→ゆえに，だから，したがって結論」

■双括型
「結論（主張）→なぜなら（理由・根拠）→ゆえに，だから，したがって結論」

意見文の題材例（教科書例も含む）
・電車やバスの優先席は必要か
・コンビニ等の24時間営業は必要か
・あだ名は禁止したほうがよいか
・学級文庫に漫画をいれてもよいか
・小学生にスマホは必要か

あなたも例を考えてみましょう

3. C領域「読むこと（説明的文章）」

（1）第1学年及び第2学年

1. 単元名　くらべてよもう
2. 教材名　「どうぶつの赤ちゃん」（光村1年下）
3. 単元の目標

○文の中における主語と述語との関係に気付くことができる。

〔知識及び技能〕（1）カ

○時間的な順序や事柄の順序などを考えながら，内容の大体を捉えることができる。　　　　　　　　　〔思考力，判断力，表現力等〕C（1）ア

○文章の中の重要な語や文を考えて選び出すことができる。

〔思考力，判断力，表現力等〕C（1）ウ

○動植物に興味をもち，進んで読書をしようとする。

〔学びに向かう力，人間性等〕

・学習指導要領を活用し，目標を立てること。この単元で指導したいことを選んで，目標に位置付ける。

・第1学年及び第2学年の〔知識及び技能〕〔思考力，判断力，表現力等〕のC「読むこと」の指導項目から，本単元で指導したいものを選ぶ。A「話すこと・聞くこと」やB「書くこと」と関連して扱う場合には，その領域の指導事項も記入する。

・〔学びに向かう力，人間性等〕学習指導要領には指導事項は示されていない。本単元で育てたい子供の学びに向かう態度について位置付ける。

4. 評価規準（評価の3本の柱）

知識・技能	思考・判断・表現	主体的に学習に取り組む態度
	読むこと	
・文の中における主語と述語の関係に注意し，正しく使っている。	・動物の赤ちゃんの違いを比べながら，その特徴をまとめている。 ・目的に応じて，大事な言葉や文を書き抜いている。 ・文章の内容と自分の体験とを結び付けて，感想を話し	・動植物の生長に興味をもって読み，学んだことを基に動植物クイズを作ろうとしている。

	たり書いたりしている。	

5. 単元指導計画

（1）単元観（教材分析・教材研究）

○タイトル（単元名）読み

　　単元名「くらべてよもう」では，「読むこと」の力を付ける単元であることを確認する。「何を比べるのか」，「どのように比べるのか」，「どの学習過程で比べるのか」など，指導者は計画的に進める。児童にはこの単元の読み方のキーワードが「くらべる」であることを意識付ける。

　　「どうぶつの赤ちゃん」のことに興味をもって読み進めることを確認する。

○既習事項を振り返る　　C領域に関する既習事項の確認

　　児童の学びの定着度を診断。既習経験の想起で学習時間の効率化を図る。

　　既習の説明文について「じどう車くらべ」（1年下）で学んだことを確認する。説明文を読むことで学んだ「問い」と「答え」の繰り返しといった構成を思い出させる。自動車ごとに，問いが二つ（仕事とつくり）あり，答えも二つあることを想起させる。それぞれの自動車の仕事とつくりの違いを比べて表にまとめたことを振り返らせる。

○学習の進め方を確認する

　①説明文を読んで，初めて知ったことや，不思議だなあと思ったことを話し合う。（構造と内容の把握）

　②何を比べて読むのか，「問い」にあたる文を見付ける。（構造と内容の把握）

　③「生まれたばかりの様子」と「どのようにして大きくなっていくのか」についてライオンの赤ちゃんとしまうまの赤ちゃんを比べて読む。（精査・解釈）

　④「問い」に対する「答え」を表にまとめて記述する。（考えの形成）

　⑤分かったことをグループや全体で伝え合う。（共有）

　⑥他の動物の赤ちゃんの本を読み，分かったことで動物の赤ちゃんクイズをする。（発展）

○本文の音読　新出漢字の学習（漢字黒板，漢字ドリル，家庭学習）

　　新出，読みかえ漢字については，筆順等正確に指導する。特に間違いやすい漢字については，全体で共有させる。

例：「耳」「赤」「年」の筆順　　「王」の読み方（おう）

(2) 深い学びのための指導のポイント（見方・考え方，言語活動）

①見方・考え方

　ライオンとしまうまの赤ちゃんを比べて読み，その違いに気付かせる。ここでの「見方」は「比較」である。違いが分かる言葉を見付け，比べることで違いが浮き上がってくる。違いをつかむときの読み方の方法を学ぶ。この方法で，カンガルーの赤ちゃんと比べさせるように教材が準備されている。

　「考え方」は，動物の赤ちゃんの生まれたばかりの様子と大きくなっていく様子を比べるときに，大きさや時間を表す言葉に着目しながら読んだり，表にまとめ整理したりさせることで，その違いを理解することである。

②資質・能力を育てる言語活動

　ライオンとしまうま，カンガルーの赤ちゃんの様子を比べ，見付けた違いを友達と話し合う活動が考えられる。他の動物の赤ちゃんのことを書いた本を読み，比べてみる活動や見付けた情報を動物クイズにして友達とクイズを楽しむ言語活動を設定する。このような活動は，興味を持続しながら読み進められ，読書へと広げることもできる。

(3) 単元の指導計画　（全10時間）

次	時	学習活動	指導内容	評価等
一 導入	1	・題名から内容を想像する。 ・学習の目的や方法を知る。 ・教師の範読を聞く。 ・初めて知ったこと，不思議に思ったことを発表する。 ・新出漢字の読み，言葉の学習をする。	・動物の赤ちゃんの話に興味をもたせる。 ・説明文を読んで，大体の内容を捉える。 ・初めて説明文を読み，感想や疑問を話したり書いたりさせる。	動物の赤ちゃんの写真 ワークシート
二 構造と内容の把握	2 3	・ライオンの赤ちゃんの生まれたばかりの様子を読み取る。 ・ライオンの赤ちゃんの大きくなっていく様子を読み取る。	・問いの文と答えの文，文章の構成を理解させる。 ・文末表現（問い）に着目。 ・主語と述語の関係に着目。 ・重要な語を見付けさせる。 　（文と文を結ぶ言葉，時間を表す言葉）	大きさや様子がイメージできる掲示物 二つの問いの観点を板書。

	4	・しまうまの赤ちゃんの生まれたばかりの様子を読み取る。 ・しまうまの赤ちゃんの大きくなっていく様子を読み取る。	・主語と述語の関係に着目させる。 ・重要な語を見付けさせる。（文と文を結ぶ言葉，時間を表す言葉）	大きさや様子が分かる掲示物 二つの問いの観点を板書
三 精査・解釈 考えの形成 共有	5	・ライオンとしまうまの赤ちゃんの生まれたばかりの様子を比べる。	・重要な語に着目し，その違いを比べさせる。	重要な語を板書 ワークシート
	6	・ライオンとしまうまの大きくなっていく様子を比べる。	・重要な語に着目し，その違いを比べさせる。	重要な語を板書 ワークシート
	7	・カンガルーの赤ちゃんとライオン，しまうまの赤ちゃんを比べる。	・主語と述語の関係に着目させる。 ・重要な語に着目し，その違いを比べさせる。	重要な語を板書 ワークシート
四 共有 まとめ	8 9 10	・他の動物の赤ちゃんの様子を調べる。 ・「どうぶつの赤ちゃんクイズ」を作って出し合う。（4人グループ）	・学校図書館で動物の赤ちゃんの本を読ませる。 ・読み取ったことを基に，二つの視点からクイズを作らせる。	自分の体験と結び付けた表現 クイズの内容

発展：生活科と連携して動植物の観察や資料収集をする。動植物クイズに取り組む。

6. 資料

(1)「どうぶつの赤ちゃん」ワークシート（児童記入例）

大きくなっていくようす	生まれたばかりのようす
ライオン	**ライオン**
二か月ぐらいは、おちちをのむ。 やがて、おかあさんのとったえものをたべる。 一年ぐらいたつと、えものをとり、たべるようになる。	子ねこぐらいの大きさ。 目や耳はとじたまま。 よわよわしく、おかあさんににていない。 じぶんであるくことができない。
しまうま	**しまうま**
三十ぷんもたたないうちに、たち上がる。 つぎの日には、はしるようになる。 七日ぐらいたつと、おちちものむが、じぶんで草もたべるようになる。	やぎくらいの大きさ。 目はあいていて、耳もぴんとたっている。 しまのもようもついていて、おかあさんにそっくり。

(2) 第3学年及び第4学年

1. 単元名　読んで感想をもち，つたえ合おう

2. 教材名　「ありの行列」（光村3年下）

3. 単元の目標

○指示する語句と接続する語句の役割，段落の役割について理解することができる。　　　　　　　　　　　　　　　　　　〔知識及び技能〕（1）カ

○目的を意識して，中心となる語や文を見付けて要約することができる。
　　　　　　　　　　　　　　　〔思考力，判断力，表現力等〕C（1）ウ

○科学的な内容の本や文章を読んで感じたことや考えたことを友達に進んで伝え，考えの違いに気付こうとしている。　　　〔学びに向かう力，人間性等〕

※目標の設定の仕方は（本書186ページ参照）

4. 評価規準（評価の3本の柱）

知識・技能	思考・判断・表現	主体的に学習に取り組む態度
	読むこと	
・指示する語句と接続する語句の役割，段落の役割について理解している。	・段落相互の関係に着目しながら，考えとそれを支える理由や事例との関係などについて，叙述を基に捉えている。 ・必要な情報を見付けて，中心となる語や文を選んで，要約している。 ・文章を読んで感じたことや考えたことを共有し，一人一人の感じ方に違いがあることに気付いている。	・科学的な内容の本や文章を進んで読み，友達と感じたことや考えたことを共有することで，感じ方の違いを見付けようとしている。

5. 単元の指導計画

(1) 単元について

　　児童は身近にいる「あり」に手を触れたり，巣のできる様子を観察したりした経験をしている。ありの行列がなぜできるのかの問いには，興味をもって読み進められると考える。実験や観察の様子も分かりやすい簡単な方法で示されている。本文は，「なぜ，どうして，どのように」の問題提起から解決までの経過を，筋道を追って，読み解いていく楽しさがある。興味を引く実験や観察を通し，追体験への興味を感じさせる文章である。論理的な叙述の仕方を身に付けて，文章の順序，客観的な実験，観察の方法，そこから考えられた結果について気付かせていく。筆者の考えには，実験と観察による根拠が示されている。この点を確かに読み取らせたい。

(2) 深い学びのための指導のポイント（見方・考え方，言語活動）

①見方・考え方

　　「見方」の一つは，「つながりを考えるときの言葉」（こそあど言葉・段落のはじめの言葉）が考えられる。「はじめに」「次に」「これらのかんさつから」「そこで」「この研究から」などの言葉に着目させる。

　　二つは，筆者の考えの根拠に着目させることである。筆者の考えには，実験と観察による根拠が示されている。

　「考え方」として，「つながりを考えるときの言葉」を視点として，文章の「中」を段落同士のつながりに気を付けて読み，ウィルソンの研究を確かめさせ，内容を簡単にまとめさせる活動を取り入れる。

　筆者の考えを支える根拠の役割に気付き，自分の表現に生かしていくことが大切である。

②資質・能力を育てる言語活動

　中学年の説明文では「問い」と「答え」の間に筆者の考えの根拠となる実験や観察，事例が含まれてくる。その効果を実感させることが大切である。問題提起の文や実験，観察の方法，段落のまとまりや段落ごとの感想などについて読み取らせ，ありの行列ができるわけについて考え，話し合うことの言語活動を入れるとよい。その際，自分の考えと同じところや違うところがあることに着目して考えを伝え合うことが大切である。

　また，説明文を読んで，驚いたことやもっと知りたいことなどの感想をもとに，科学的な読み物を進んで読み，感想や分かったことを発表したりクイズにしたりする言語活動も考えられる。

(3) 単元の指導計画　（全8時間）

次	時	学習活動	指導内容	評価等
一 導入	1	・学習課題を設定し，学習計画を立てる。 ・全文を読み，内容の大体を捉える。 ・初発の感想を書く。 ・新出漢字の読みや語句の意味を確認する。	・初発の感想をもたせ，全体で共有させる。 ・初めて知ったこと，驚いたことを書かせる。 ・文字・語句指導を行う。	科学的な読み物を展示 ペア交流 感想の発表ノート
二 構造と内容の把握	2	・段落に分け，文章全体の組み立てを捉える。 ・「問い」と「答え」に着目して，各段落の内容を捉える。	・形式段落を確認する。 ・構成（①課題②実験1③実験2④観察⑤ウィルソンの考え⑥まとめ）の確認。 ・接続語，文末表現に着目。	発言，ノート

三 精査・解釈	3 4	・第2～5段落を読み，内容を要約する。 ・第6，7，8，9段落を読み，内容を要約する。	・中心となる語や文，段落相互の関係に着目。 ・ありが行列をつくるわけ，実験1，実験2を読み取らせる。 ・指示語や接続語に注目して，ウィルソンの考えを読み取らせる。	発言，ノート 前時までの流れを掲示 根拠となる表現 デジタル教科書の活用
四 考えの形成 共有	5	・「ありの行列」と「もっと読もう」を読んで，感想を書く。 ・書いた文章（感想）を友達と読み合う。 ・自分と同じところや違うところを見付けて伝え合う。	・教科書の感想例を参考に考えをまとめさせる。 ・引き付けられたこと，もっと知りたいこと，思ったこと，考えたことを書かせる。 ・トリオで感想を交流。 ・考え方，感じ方の違いに気付かせる。	感想例を板書 話し合う視点を掲示 話合いの様子・内容
五 まとめ・発展	6 7 8	・単元の学習を振り返る。 （説明文の書き方や特徴をまとめる） ・自分が興味をもった科学読み物を読む。 ・様々な不思議を知り，その内容を簡単にまとめ，友達に紹介する。	・「ふりかえろう」を活用して，自己評価をさせる。 ・「たいせつ」を活用して，学習成果をまとめる。 ・動植物の不思議について調べさせる。 ・カードに感想や不思議をまとめさせ，交流したりクイズをしたりさせる。	学校図書館で読み物を集めて展示 紹介カードやワークシート

発展：理科や総合的な学習の時間と連携し，科学的な読み物を読んで分かったことをまとめ，紹介し合ったり，クイズを作ったりする。

6. 本時の学習指導（3/8時）

(1) 本時のねらい

段落のつながりに気を付けて，「ありの行列」を読み解き，要約する。

(2) 本時の展開

時	学習活動	指導内容	評価等
導入	1. 全文を読み，学習課題をつかむ。 ・ウィルソンの研究が書かれている。 （第2～8段落）	・説明文の要約の仕方を学ぶことを確認する。 ・問いの文は第1段落，答えの文は第9段落であることも確認させる。（既習事項）	学習課題，学習の流れ 説明文の構成の表示
	段落のつながりに気を付けて「ありの行列」を読み，内容を短くまとめよう。（要約しよう）		
展開	2. 中（第2,3段落）の内容を要約する。 ・中心文を見付け，内容を短くまとめる。（カード） ・実験1を読み取る。（ありの行列が道筋から外れない） 3. 中（第4,5段落）の内容を要約する。 ・実験2を読み取る。 ・実験1，2から考えられることをまとめる。（道しるべをつけたか）	・文の始まりや文末表現に気付かせる。（それなのに，～できるのでしょうか） ・中心文や重要語句を探させる。（ありの行列，なぜ） ・ありが行列をつくるわけを知るための実験の方法であることを確認する。 ・中心文を見付け，不思議だったことをまとめさせる。	文のはじめと文末の表現を板書 要約の仕方の掲示
まとめ	4. 要約の仕方をまとめ，学習を振り返る。 ①中心文を見付ける。②重要語句を見付ける。③内容が分かるように短く文章にまとめる。	・まとめる視点を明確にさせる。（ウィルソンの研究について）	振り返りを書いたノート

7. 資料　板書例（本時　3/8時）

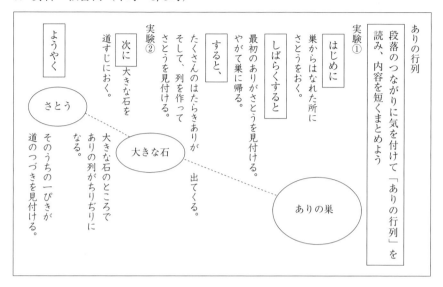

（3）第5学年及び第6学年

1. 単元名　筆者の主張や意図をとらえ，自分の考えを発表しよう

2. 教材名　「時計の時間と心の時間」（光村6年）

3. 単元の目標

○文の中での語句の係り方や語順，文と文との接続の関係，語や文章の構成や
　展開，話や文章の種類とその特徴について理解することができる。

〔知識及び技能〕（2）カ

○事実と感想，意見などとの関係を叙述を基に押さえ，文章全体の構成を捉え
　て要旨を把握することができる。

〔思考力，判断力，表現力等〕C（1）ア

○文章を読んでまとめた意見や感想を共有し，自分の考えを広げることができ
　る。　　　　　　　　　〔思考力，判断力，表現力等〕C（1）カ

○筆者の意図を捉え，筆者の考えに対する自分の考えを進んで発表しようとし
　ている。　　　　　　　　　　　〔学びに向かう力，人間性等〕

※目標の設定の仕方は（本書186ページ参照）

4. 評価規準（評価の3本の柱）

知識・技能	思考・判断・表現	主体的に学習に取り組む態度
	読むこと	
・文章の組立てや説明などにおける論の進め方を理解している。 ・筆者の主張を伝えるために使われている言葉や図表に着目している。	・筆者の主張と，それを支える事例の関係を捉えながら，読んでいる。 ・事例を挙げて説明することのよさに気付いている。 ・文章全体の構成を捉え，要旨をまとめている。 ・文章を読んで感じたことや考えたことを共有し，考えを広げたり深めたりしている。	・筆者の考えに対して，自分の考えをもち，進んで発表しようとしている。 ・事例を挙げて説明している本をすすんで読もうとしている。

5. 単元の指導計画

（1）単元について

　筆者は「時計の時間」と「心の時間」という特性の違う二つの時間について説明し，「心の時間」に目を向けることの大切さを主張している。初めの段落に問題提起と筆者の考え，時計の時間の特性と心の時間の特性を対比，心の時間の特性，まとめ，最後の段落に筆者の意見という文章構成になっている。双括型の文章である。

　「時計の時間」と「心の時間」の対比では，読み手の体験によびかけ同意を得る工夫がある事例を述べ，「心の時間」の特性を述べる段落では，二つの実験や他の事例などを挙げて自分の考えに引き付ける工夫がされている。実験の様子や結果が，図やグラフでも示されている。説得力をもたせる工夫にも触れることができる。筆者の考えに対して自分なりの考えをもちながら読ませたい。そして，自分の考えを発表するときにも，具体例を挙げながら説明するようにしたい。

　長文なので，理解することが難しい児童もいるかと考える。先出の「笑うから楽しい」は短い文章であり，論の展開も明確である。筆者の意図を捉えながら，文章の構成や効果的な事例の述べ方について学んでおくことも大切である。

(2) 深い学びのための指導のポイント（見方・考え方，言語活動）

①見方・考え方

「見方」として，筆者の論の展開方法に着目させる。一つは，「筆者は自分の主張をどの部分に，どのように述べているか」を確かめる。二つは，主張と事例がどのように結び付いているか，その関係に目を付けさせる。

「考え方」として，一つは，主張は初めの段落と終わりの段落に書かれている双括型の文章であることに気付かせる。二つは，主張を支える事例を複数挙げて，読み手の理解を助け，説得力をもたせている工夫に気付かせたい。

②資質・能力を育てる言語活動

要旨を捉えて，活用する場として言語活動を考える。要旨を捉える手掛かりとして事例の挙げ方とその説明の仕方に着目していく。筆者の主張と事例の結び付き方とその効果を確かめることが大切である。ここでは，「時計の時間と心の時間」に対する自分の考えを発表し合う言語活動を設定した。発表の際は，「自分の考え」「理由や具体例」「まとめ」という構成を生かして説得力ある発表ができるようにしたい。発表ではなく，文章に書いて読み合う活動も考えられる。

(3) 単元の指導計画 （全8時間）

次	時	学習活動	指導内容	評価等
一 導入	1	・学習課題を設定し，学習計画を立てる。 ・全文を読み，内容の大体を捉える。 ・初発の感想を書く。 ・新出漢字の読みや語句の意味を確認する。	・教材文を読んで，筆者の考えに対する自分の考えをもつこと，批評文を書いて発表することを確認する。 ・感想は全体で共有させる。 ・自分の体験などと比較。 ・文字・語句指導を行う。	ペアやグループでの感想の交流 感想の発表，ノートの記述
二 構造と内容の把握	2	・教材文を「序論」「本論」「結論」に分け，文章構成と筆者の主張をつかみ，要約し，文章構成図にまとめる。 （いくつの事例を挙げているか。筆者の主張はどの段落に述べられているか）	・双括型の文章構成について気付かせる。 ・構成（①話題提示②筆者の主張③〜④事例⑤まとめ⑥筆者の主張）をつかませる。 ・重要語句，接続語，文末表現に着目させる。	発言，ノート，文章構成図

		学習活動	指導上の留意点	教材・評価
三 精査・解釈	3 4 5	・第3，4，5，6段落を，筆者の主張との関係に着目しながら，四つの事例を詳しく読む。 ・読み取ったことを基に，筆者の主張と説明の意図について話し合う。 ・資料（絵，図，表など）の効果について話し合う。 ・第7段落を読み，本論のまとめを理解する。 ・第8段落を読み，筆者の主張（要旨）をまとめる。	・中心となる語や文，段落相互の関係に着目し，要約。 ・事例1〜3と事例4との違いにも注目させる。 ・複数の事例を挙げて主張した意図について考える。 ・筆者の主張を伝えるために図表がどのような効果を上げているかに着目。 ・第7段落を関係付けて要旨をまとめる。 ・重要語句（主張するために使われている言葉），指示語や接続語などに注目。	発言，ノート 前時までの流れを掲示 「意見」「事例」を明示 図表の掲示 デジタル教科書の活用 要旨のまとめ方の提示
四 考えの形成 共有	6	・筆者の主張に対する自分の考えをまとめる。（自分の考え，理由や具体例，まとめ） ・書いた文章（考え）を発表し合う。（グループで） ・自分と同じところや違うところを見付け伝え合う。	・共感・納得したり，疑問に思ったりした部分に着目させる。 ・自分の経験に引き寄せて考えさせる。 ・教科書の発表例を参考に考えをまとめさせる。 ・考え方や感じ方の違いに気付かせ，自分の考えを深めさせる。	既習事項のまとめ ノートやワークシート 例文の掲示 交流の視点の明確化 自己評価
四 まとめ・発展	7 8	・単元の学習を振り返る。 （主張と事例の関係，双括型の文章構成の特徴） ・関連図書を読む。 ・身近な話題について「主張と事例」の関係を明らかにし，自分の考えを伝え合う。	・「ふりかえろう」を活用して，自己評価をさせる。 ・「たいせつ」を活用して，学習成果をまとめる。 ・時間と脳の働きなどを書いた読み物を紹介する。 ・「情報」を活用して，身近な話題を取り上げ，事例を挙げて主張する文章を書かせる。	学校図書館で集めた読み物 事例と主張との関係を表にして掲示

発展：意見文の書き方と連携し，学んだことを活用し，文章にして発表する。意見文や批評文は新聞の「読者の声」に投稿したり，文集にして他学級との読み合いをしたりしてもよい。

6. 本時の学習指導（4/8時）

（1）本時のねらい

　事例を挙げて説得することのよさに気付くことができる。

（2）本時の展開

時	学習活動	指導内容	評価等
導入	1. 全文を読み，学習課題をつかむ。 2. 既習事項の確認をする。 ・二つの事例について振り返る。	・主張を支える事例が四つあること を押さえ，その効果について考え ることを確認する。	学習課題，学習の流れの提示
	筆者の主張を支える四つの事例の中で説得力のあるものを見付けよう。		
展開	3. 第4段落，第5段落を読んで，そ の他の事例について詳しく読む。 4. 四つの事例の中で説得力を高め ているものを選び，その理由を 述べ合う。 （グループでの話合い） 5. 筆者はなぜ複数の事例を挙げて 「心の時間」の特性について説明 したのかを考える。 （グループでの話合い）	・筆者の主張と事例との関係に着目，事例を挙げた意図について考えさ せる。 ・筆者の主張と四つの事例を確認さ せる。 ・四つの事例の中で説得力のあるも のを選び，その理由を考えさせる。 （複数可） ・資料（絵，図，表）の効果につい ても考えさせる。 ・接続語，文末表現等にも着目させ る。	双括型文章の構成を表示 図・表の掲示 重要語句などを板書
終末	6. 事例を挙げて説明することのよ さについて分かったことをまとめ る。	・どの言葉に着目したのかを明確に させる。 ・事例を挙げて主張することの効果 について自分なりにまとめさせる。	

7. 資料 事例カードと思考ツール（Xチャート）の例（本時 4/8時）

③段落
特性 心の時間は、その人がその時に行っていることをどう感じているかによって、進み方が変わる。
理由 時間を気にすることに、時間を長く感じさせる効果があるから。

④段落
特性 一日の時間帯によっても進み方が変わる。
理由 その時間帯の体の動きのよさと関係があるから。

⑤段落
特性 身の回りの環境によっても進み方が変わる。
理由 身の回りから受ける刺激の多さと関係があるから。

⑥段落
特性 人によって感覚が異なる。
理由 それぞれに違う感覚で時間と向き合っているから。

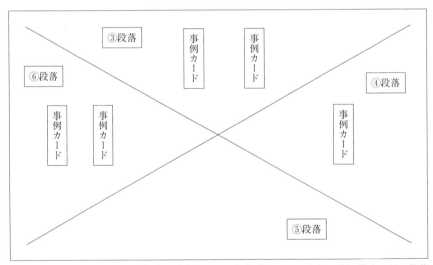

※形式段落の要点をまとめた各自の「事例カード」を「Xチャート」の上に載せ，どの段落の事例が説得力があるかをグループで議論する。

4. C領域「読むこと（文学的文章）」

（1）第1学年及び第2学年

1. 単元名　そうぞうしたことを，音読げきであらわそう
2. 教材名　「お手紙」（光村2年下他）
3. 単元の目標
○語のまとまりや言葉の響きなどに気を付けて音読することができる。

〔知識及び技能〕（1）ク

○場面の様子に着目して，登場人物の行動を具体的に想像することができる。

〔思考力，判断力，表現力等〕C（1）エ

○文章の内容と自分の経験とを結び付けて，感想を伝えようとする。

〔学びに向かう力，人間性等〕

　・学習指導要領を活用し，目標を立てること。この単元で指導したいことを選んで，目標に位置付ける。
　・第1学年及び第2学年の〔知識及び技能〕〔思考力，判断力，表現力等〕のC「読むこと」の指導項目から，本単元で指導したいものを選ぶ。A「話すこと・聞くこと」やB「書くこと」と関連して扱う場合には，その領域の指導事項も記入する。
　・〔学びに向かう力，人間性等〕学習指導要領には指導事項は示されていない。本単元で育てたい子供の学びに向かう態度について位置付ける。
4. 評価規準（評価の3本の柱）

知識・技能	思考・判断・表現	主体的に学習に取り組む態度
	読むこと	
・語のまとまりや言葉の響きなどに気を付けて音読している。 ・主語と述語に気を付けて読んでいる。	・登場人物の様子や行動，会話などから物語を読み，あらすじをつかんでいる。 ・登場人物の行動や会話を具体的に想像し，感想を述べている。	・自分の体験と結び付けて感想を述べたり，気持ちを考えながら音読したりしようとしている。

5. 単元指導計画

(1) 単元観（教材分析・教材研究）

○タイトル（単元名）読み

　　単元名「そうぞうしたことを，音読げきであらわそう」は，「読むこと」の力を付ける単元であることを確認する。文章を読んで想像するとは，場面の様子に着目して，登場人物の会話や行動から「何をしたのか」「どのような表情・口調・様子だったのか」など，具体的にイメージすることである。登場人物の様子や気持ちを読み取って，声と簡単な体の動きでお話を表す「音読劇」を言語活動に位置付ける。なかよしの友達「がまくん」と「かえるくん」の間にどんなことが起きるか，楽しみながら読み進めていくことを確認する。

○既習事項を振り返る　　Ｃ領域に関する既習事項の確認

　　児童の学びの定着度を診断。既習経験の想起で学習時間の効率化を図る。既習の物語文について「ふきのとう」（2年上）で学んだ「話の様子がよく分かるように音読する」や「スイミー」（2年上）で学んだ「あらすじをまとめる」ことなどを想起させる。

○学習の進め方を確認する

　　①「お手紙」に書いてあることを確かめる。（構造と内容の把握）

　　②「がまくん」と「かえるくん」の話し方や様子を想像する。（構造と内容の把握）

　　③二人は，書いてあることが分かっている手紙を，どうして長い間待っていたのかを考える。（精査・解釈）

　　④音読劇で読みたいところをノートに書き写し，どのように読むとよいかを考え，書き入れる。（考えの形成）

　　⑤ノートを見ながら，読み方を工夫して音読劇を行う。（共有）

　　⑥「がまくん」と「かえるくん」が出てくるお話を読み，感想を伝え合う。（発展）

○本文の音読　新出漢字の学習（漢字黒板，漢字ドリル，家庭学習）

　　新出，読みかえ漢字については，筆順等正確に指導する。特に間違いやすい漢字については，全体で共有させる。

　　例：「紙」「帰」「何」の筆順　　「時」と「時間」，「親愛」「親友」の読み方

(2) 深い学びのための指導のポイント（見方・考え方，言語活動）

　　①見方・考え方

　　　　この教材の「見方」としては，人物がしたことと話したことに視点を当て

るとよい。「考え方」としては，「がまくん」と「かえるくん」の会話や行動を抜き出し，そのときの気持ちを想像させることで，二人の関係をつかむようにしたい。

②資質・能力を育てる言語活動

　人物の会話や行動から様子や気持ちを想像させ，友達と考えを伝え合ったり，音読したりする活動を取り入れたい。毎時間の終末時に読み取りを生かした音読を積み重ね，単元の終末には簡単な動きを入れて音読劇を行うことを言語活動とする。シリーズ本「ふたりはともだち」を読んで，紹介し合う活動も考えられる。

(3) 単元の指導計画　（全10時間）

次	時	学習活動	指導内容	評価等
一 導入	1	・学習のめあて，学習の見通しをもつ。 ・題名や登場人物の名前，挿絵などから物語の内容を予想する。 ・教師の範読を聞き，感じたことを話す。 ・新出漢字の読み，言葉の学習をする。	・想像したことを音読劇で表すために物語を読むことを確認する。 ・場面，時，場所，登場人物などを確認させる。 ・題名や挿絵も参考にしながら物語の内容を予想させる。 ・「お手紙」「友達」のことを話題にして二人の関係を想像させる。	場面ごとの挿絵 登場人物，重要語句の板書 発言，ノート
二 構造と内容の把握	2 3	・全文を読んで，書いてあることを確かめる。 ・あらすじを一文で書く。 ・心に残った場面とその理由を書き，発表する。 ・感想をもとに学習課題を考える。	・場面（がまくんの家→かえるくんの家→がまくんの家）での，二人の会話，行動を確認することで，あらすじをつかませる。 ・あらすじを一文程度にまとめさせる。	場面の絵を掲示 あらすじを書いたノート 学習課題

三 精査・解釈	4	・「ふたりとも，かなしい気分で，げんかんの前にこしを下ろしていた」わけを考える。	・pp. 14 〜 15の二人の挿絵の場面で，登場人物の話し方や様子を思い浮かべて，気持ちを想像する。（叙述に沿って）	二人の挿絵を掲示 二人の会話を板書
	5	・かえるくんが，がまくんのためにしたこととそのときの気持ちを読み取る。	・かえるくんの行動から気持ちを想像させる。「大いそぎで」「家からとび出しました」など	重要な語を板書 ワークシート（表）
	6	・かえるくんが，お手紙を出したことをがまくんに言ってしまったわけを考える。	・二人の会話を音読させることで，かえるくんの気持ちを想像させる。	重要な語を板書 ワークシート（表）
四 考えの形成	7	・「げんかんに出て，お手紙の来るのをまっていた」二人の気持ちを考える。 ・なぜ二人は書いてあることが分かっている手紙を長い間待っていたのかを考える。	・pp. 14 〜 15の挿絵の二人の気持ちと比べさせる。 ・どの会話，どの行動を比べたのかを明確にさせる。 ・がまくんの気持ちの変化に気付かせるようにする。	pp. 14 〜 15と pp. 22 〜 23 の挿絵
五 まとめ・発展	8 9 10	・音読劇で読みたいところをノートに書き写す。 ・どのように読むか，どんな動きをするかを書き入れる。 ・トリオで音読練習をする。 ・本単元の学習を振り返る。（人物がしたことや様子を思い浮かべながら読むこと）	・ノートの書き方を指導。 ・ノートを見ながら読み方や動きを工夫する。 ・友達に読み方や動きについて気付いたことを伝え合う。 ・友達の音読劇を見て，よいところを見付け，伝える。 ・言葉や絵から行動や様子を考える，人物の行動や会話の理由を考えさせる。	ノートの例 ノートの記入 読み取ったことを生かした音読

発展：「がまくん」と「かえるくん」の出てくる話を読んで，「友達」について語り合ったり，「がまくん」や「かえるくん」にお手紙を書いたりする。

6. 資料　音読劇で活用するノート例

> かえるくん
> ⓚふしぎそうに。ⓤがまくんの顔を見ながら。
> 「そりゃ、どういうわけ。」
> かえるくんがたずねました。

> がまくん
> ⓚさびしそうに、ゆっくりと。ⓤかえるくんの顔を見ながら。
> 「だって、ぼく、お手紙 もらったことないんだもの。」
> がまくんが言いました。

> かえるくん
> ⓚ我慢しきれない感じで。ⓤがまくんのかたをたたきながら。
> 「だって、ぼくが、きみに、お手紙出したんだもの。」

> がまくん
> ⓚおどろいてたずねるように。ⓤくびをかしげながら。
> 「きみが。」
> がまくんが言いました。
> ⓚ知りたいなと、たずねるように。ⓤかえるくんの顔を見ながら。
> 「お手紙に、なんて書いたの。」

※ⓚ…きもち　　ⓤ…うごき

(2) 第3学年及び第4学年

1. 単元名　気持ちの変化を読み，考えたことを話し合おう

2. 教材名　「ごんぎつね」（光村4年下他）

3. 単元の目標

○様子や行動，気持ちや性格を表す語句の量を増やし，話や文章の中で使うことで，語彙を豊かにすることができる。　　　　〔知識・技能〕(1) オ

○登場人物の気持ちの変化や性格，情景について，場面の移り変わりと結び付けて具体的に想像することができる。

〔思考力，判断力，表現力等〕C (1) エ

○文章を読んで，感じたことや考えたことを進んで話し合い，互いの感じ方に違いがあることに気付こうとする。　　〔主体的に学習に取り組む態度〕

※目標の設定の仕方は（本書201ページ参照）

4. 評価規準（評価の3本の柱）

知識・技能	思考・判断・表現 読むこと	主体的に学習に取り組む態度
・様子や行動，気持ちや性格を表す語句を話したり書いたりしている。 ・性質や役割による語句のまとまりを理解することを通して，語句の量を増やし，語彙を豊かにしている。	・場面ごとの構成要素（時・場・人物）を理解し，場面の様子を想像している。 ・登場人物の気持ちの変化を場面の移り変わりと結び付けて具体的に想像している。 ・文章を読んで理解したことに基づいて，自分の体験や既習内容と結び付けて感想や考えをもっている。 ・文章を読んで感じたことや考えたことを共有し，一人一人の感じ方に違いがあることに気付いている。	・物語文を読んで，感じたことや考えたことをグループで話し合い，友達の考えのよさに気付くとともに，自分の考えを深めようとしている。

5. 単元の指導計画

（1）単元について

　この教材では，場面の様子や人物の気持ちを豊かに想像することを通して，物語を読み味わうことの楽しさを自覚することができる。また，一人一人の感じ方には違いがあることに気付き，自他の思いを大切にし，自分の考えを深めていくことも期待できる。

　動物と人間の登場する物語や新美南吉の他の作品に数多く触れ，友達と感想の交流ができるようになることを意図して，本単元を設定した。

（2）深い学びのための指導のポイント（見方・考え方，言語活動）

①見方・考え方

　この教材の「見方」としては，人物の行動，会話に加え，情景描写に視点を当てるとよい。「考え方」としては，「ごん」や「兵十」の行動，会話，情景描写等から人物の気持ちを読み取らせる。特に「変化」に目を向けさせ，考えを深めていく。「変化」の根拠となった言葉や文を明確にさせること，場面と場面とを結び付けたり比べたりさせることが大切である。

②資質・能力を育てる言語活動

　人物の会話や行動，情景描写から気持ちの変化を想像させ，「ごん日記（兵十日記）」「ごん新聞」「ごん事典」を書いたり，グループで話し合ったりする活動を取り入れたい。また，新美南吉の童話を読ませ，紹介する活動なども考えられる。読書座談会をし，作品や作者の考えについて語り合ってもよい。

(3) 単元の指導計画　（全12時間）

次	時	学習活動	指導内容	評価等
一 導入	1	・題名について話し合い，全文を読む。 ・初発の感想を書く。 ・好きな場面や感想を話し合い，学習課題をつかむ。 ・新出漢字の読みや語句の意味を確認する。	・全文を読み，感想や意見をもたせる。感想をしっかりもてない児童には心に残る場面や好きな場面を見付けさせる。 ・初発の感想から学習課題をつかむ。 ・文字・語句指導を行う。	感想の発表 ノートの記述
二 構造と内容の把握	2・3・4	・時，場，人物を視点に，場面分けをし，話の大体を捉える。 ・あらすじをまとめる。 ・1の場面を読み，「ごん」の暮らしぶり，性質などについて読み取る。 「ごんはどうしていたずらをするのだろう」 ・1～5の場面を読み，「ごん」が「兵十」にしたことと，そのときの「ごん」の気持ちを確かめ，表にまとめる。 ・6の場面で，「兵十」が知ったことと，そのときの「兵十」の気持ちを確かめる。	・時間，舞台となる山や村の様子，登場人物などを確かめさせる。 ・三つの視点から場面分けをし，あらすじをノートに書かせる。 ・1～5の場面を表にして行動と気持ちを記入させる。 ・6の場面は視点を「兵十」にしてまとめさせる。 ・「ごん」がしたこと，そのときの気持ちを表す語句に着目させる。 ・大まかにつかむ段階の学習なので，全文を読み，自分でまとめさせる。 その後，ペアやトリオで確認させる。	発言，ノート 場面の挿絵 ノートの記入例 掲示用の表

第6章

| 三 精査・解釈 考えの形成 共有 | 5・6・7・8・9 | ・情景や場面の様子が分かる表現を見付け，ノートに書き込む。
・情景や場面の様子が分かる表現から想像したことを友達と話し合う。
・「ごん」と「兵十」の気持ちにどのような変化があったかを考え，友達と話し合う。
〈テーマ例〉
・「ごん」や「兵十」はどんな人物か。
・「ごん」のつぐないの気持ちは「兵十」に届いたのか。
・物語の結末についてどう思うか。

・詳しく読んで分かったことや感じたことをもとに，物語や人物についての考えをまとめる。
〈まとめの例〉
・物語の感想を書く。
・「ごん」「兵十」日記を書く。
・「ごん」と「兵十」の心情曲線にまとめる。
・「ごん」や「兵十」への手紙を書く。

・まとめたことを友達と話し合って，共有する。 | ・見付けた表現にサイドラインを引かせ，見付けた言葉から想像させる。
・「ごん」と「兵十」の心情曲線を描かせ，その変化をまとめさせてもよい。
・気持ちの変化を考えるときに会話，行動，情景等具体的な叙述に着目させる。
・「ごん」が「兵十」について思ったり考えたりしたことを想像させる。
・「兵十」が「ごん」のことを表すときに使った言葉に着目させる。
・話し合うときは，どの表現から考えたかを伝え，自分の考えと比べながら友達の発言を聞くようにさせる。
・教科書の感想例を参考に考えをまとめさせる。
・引き付けられたこと，もっと知りたいこと，思ったこと，考えたことを書かせる。
・トリオで感想を交流。
・考え方，感じ方の違いに気付かせる。
・友達の考えの同じところと違うところに着目。 | 抜き出した言葉や文

心情曲線

話合いの様子

テーマの掲示
感想例の構成を板書

話し合う視点を掲示

話合いの様子・内容

まとめた文章 |
| 四 まとめ・発展 | 10・11・12 | ・単元の学習を振り返る。
（情景の描かれ方から人物の気持ちを想像すること）

・新美南吉の読み物を読む。 | ・「ふりかえろう」を活用して，自己評価をさせる。
・「たいせつ」を活用して，学習成果をまとめる。
・同じ作家の読み物を紹介し，読書に広げる。 | 学校図書館で新美南吉の読み物を集める。 |

発展：これまでの学習を生かして，「ごんぎつね新聞」「ごんぎつね事典」「新美南吉作品紹介集」などを作って読み合う。

208

6. 本時の学習指導（9/12時）

（1）本時のねらい

　「ごん」と「兵十」の言動や情景の叙述から二人の気持ちの変化を読み取ることができる。

（2）本時の展開

展開	学習活動	指導内容	評価等
つかむ	1. 前時を振り返る。 2. 本時の学習課題をつかむ。 「『ごん』のつぐないの気持ちは、『兵十』に届いたのだろうか。」 二人の気持ちの変化を読み取り，心情曲線に表そう。	・「おれは引き合わないなあ」と落胆した「ごん」の気持ちを確認する。	前時の掲示 本時のめあての提示
深める まとめる	3. 6の場面を読み，「ごん」と「兵十」の気持ちを読み取り，表にまとめる。 4. 課題について自分の考えをノートにまとめる。 5. 二人の気持ちの変化を読み取り心情曲線に表す。 6. 課題について考えたことをグループで話し合う。 7. 話合いをして，考えが深まったことをもとに「兵十日記」を書く。 8. 本時の学びを振り返る。	・二人の行動，会話と情景描写に着目させる。 ・「ごん」と「兵十」の視点から考えさせる。 ・どの会話や行動で二人の距離が縮まったのかを考えさせる。 ・3〜4人グループで話し合わせる。話し合う視点を明確にする。 ・友達の考えとの違いに目を向け，自分の考えを深めさせる。 ・6の場面は兵十の視点から。 ・人物の気持ちの変化を考えるときに，場面と場面を結び付けて比べるとよいという学びを振り返る。	二人の気持ちをまとめる表 ノートの記述 心情曲線 話合いの視点 話合いの様子 ノートの記述 発言 兵十日記

7. 資料　板書例（9/12時）

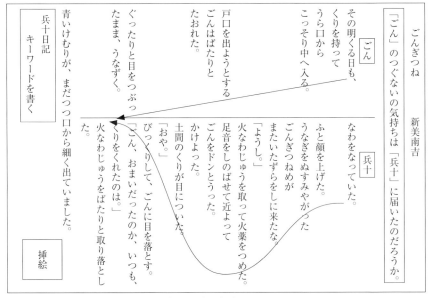

※児童の発言（ごんや兵十の気持ち）を板書に加えていく。

(3) 第5学年及び第6学年

1. 単元名　登場人物の関係をとらえ，人物の生き方について話し合おう

2. 教材名　「海の命」（光村6年）

3. 単元の目標

○語感や言葉の使い方に対する感覚を意識して，語や語句を使うことができる。

〔知識及び技能〕(1)　オ

○人物像や物語などの全体像を具体的に想像したり，表現の効果を考えたりすることができる。　〔思考力，判断力，表現力等〕C (1)　エ

○考えを広げたり，深めたりするために，文章を読んでまとめた意見や感想を進んで話し合ったり，読み物を読んだりしようとしている。

〔学びに向かう力，人間性等〕

※目標の設定の仕方は（本書201ページ参照）

4. 評価規準（評価の3本の柱）

知識・技能	思考・判断・表現	主体的に学習に取り組む態度
	読むこと	
・語感や言葉の使い方に対する感覚を意識して，物語を象徴している言葉を見付けて読んでいる。	・登場人物の相互関係や心情などについて，描写を基につかんでいる。 ・人物の行動や会話，情景などから人物同士の関わりを考えたり，人物のものの見方や考え方をとらえたりしている。	・文章を読んだ感想や考えを友達と進んで話し合い，考えを広げたり深めたりしようとしている。

5. 単元の指導計画

(1) 単元について

　6年生の最後の物語教材として，文学的な文章を読む楽しさを実感させ，主人公の生き方や考え方，成長の姿を自分に重ね合わせて読み味わわせたい。主人公太一の成長には，海・周囲の人々（父と与吉じいさ）・クエの存在などが大きく関わっている。しかし，人物の心情が直接書かれていないため，人物の言葉や行動を手掛かりに想像を働かせ，自分に重ね合わせながら探っていくことになる。比喩的，多義的，含意的な文章表現などにも気付かせるようにしたい。

　指導の際には，「情景のイメージ化」（海・クエ・与吉じいさの死など）「心の動きの読み取り」（与吉じいさ・太一の言葉や行動など）「葛藤の読み取り」（太一の成長に関わる）を取り上げ，自分の考えをまとめさせるようにしたい。

(2) 指導のポイント（見方・考え方，言語活動等）

①見方・考え方

　この教材の「見方」としては，人物の生き方に目を向け，比較するとよい。人物だけでなく，自分や友達の考えについても比べるようにしたい。「考え方」としては，人物同士の関わりや人物の生き方が表れている表現に着目し，自分の考えをまとめさせる。人物の生き方が「太一」の考えの変化に結び付いたことにも気付かせたい。

②資質・能力を育てる言語活動

　人物の生き方について考えたことをグループで話し合う言語活動が考えられる。話し合うことで友達の意見に触れ，自分の考えが変わったことにも気付かせ伝え返すことで，考えの広がりや深まりを自覚させたい。卒業を控えたこの時期の児童にとって自分の人生を考える機会となる。自分のものの見方や考え方について文章にして，読み合ったり文集にしたりする活動も考えられる。

(3)　単元の指導計画　（全8時間）

次	時	学習活動	指導内容	評価等
一　導入	1	・学習課題を設定し，学習計画を立てる。 ・全文を読み，内容の大体を捉える。 ・初発の感想を書く。（100字程度） ・「村一番の漁師」とはどのような漁師なのかを予想する。 ・新出漢字の読みや語句の意味を確認する。	・「生き方」について着目しながら，「海の命」を読んでいくことを確認する。 ・全文通読後，登場人物や場面設定を確認する。 ・キーワードに着目させ，読み進める課題について意識させる。 ・文字・語句指導を行う。	ペアやグループでの感想の交流 感想の発表，ノートの記述
二　構造と内容の把握	2	・全文を読み，構成と内容を確かめる。 （場面分け，登場人物，出来事，結末など） ・「父」「与吉じいさ」「母」の言動から人物像やその生き方を想像する。	・登場人物が太一の成長にどう関わっているかについて着目させる。 ・人物の関わりを捉えるには，人物の行動や会話，情景から考えさせる。	発言，ノート，文章構成図
三　精査・解釈	3 4 5	・「瀬の主」は，「太一」にとってどのような存在なのかを考える。 ・最終場面を読み，「村一番の漁師」とはどういう漁師なのかを考える。	・「瀬の主」の様子を捉えさせる。 ・物語の山場で「太一」の考え方は何によってどう変わったのかを考えさせる。 ・「太一」が巨大なクエとのことを生涯誰にも話さなかったのはなぜかを考えさせる。	発言，ノート デジタル教科書の活用

次	時	学習活動	指導上の留意点	資料
四 考えの形成 共有	6 7	・題名にもなっている「海の命」とは「太一」や他の人物にとって，どういう意味をもっているのかを考える。 ・人物の生き方について考えたことをまとめる。 ・考えたことをグループで話し合い，考えを深める。	・題名が示す暗示性，作者の思いなどを文章表現と結び付けて考えさせる。 ・「太一」と他の人物との関わりに着目させる。 ・人物の行動や会話，様子などを表す複数の表現を関連付けて，人物の生き方を想像させる。 ・考え方や感じ方の違いに気付かせ，自分の考えを深めることができるようにすること。	既習事項のまとめノートやワークシート例文の掲示交流の視点の明確化自己評価（考えの深化）
五 まとめ・発展	8	・単元の学習を振り返る。 ・関連図書を読む。	・「ふりかえろう」を活用して，自己評価をさせる。 ・「たいせつ」を活用して，学習成果をまとめる。 ・生き方を考えるような読み物を紹介する。 ・作者が伝えようとしていることを話し合わせる。	関連図書の準備

発展：登場人物のものの見方や考え方から物語が伝えようとしていること（主題）について話し合う討論会を開いたり，自分の生き方を考えた文章を書いて読み合ったりする。

6. 本時の学習指導（7/8時）

（1）本時のねらい

　人物の行動や会話，様子を表す複数の表現を関連付け考えた自分の考えをグループで話し合うことで，広げたり深めたりすることができる。

(2) 本時の展開

展開	学習活動	指導内容	評価等
つかむ	1. 本時の学習課題をつかむ。	・考えを深めるという目標を明確にしておく。	学習課題,学習の流れの提示
深める	〔「海の命」について考えたことをグループでの話合いで深めよう。〕 2. グループでの話合いの課題について確認する。 3. グループで追究する課題について話し合う。 （前半と後半で課題を変える） 〈課題例〉 ・題名にもなっている「海の命」とは何を意味しているのだろうか。 ・「村一番の漁師」とはどんな漁師なのか。 ・「太一」がクエとの出会いを生涯話さなかったのはなぜか。 ・人物の生き方を比べてみよう。(父,与吉じいさなど) ・「太一」がクエを殺さなかったのはなぜか。	・「太一」の心情の変化に気付かせる。 ・これまで読み取ったことをまとめたノートを確認させる。 ・筆者の主張と四つの事例を確認させる。 ・人物の行動や会話, 様子などを表す表現を関連付けるようにする。 ・同じ課題の児童でグループを作る。 ・グループは4人程度の編成にする。 ・前半と後半で二つの課題について話し合う。 ・グループごとに簡潔に話させる。どのような深まりがあったかを中心にさせる。 ・「ふりかえろう」「たいせつ」を活用する。	グループでの話合いの様子 グループの課題を掲示 話合いの様子 振り返りの内容
まとめる	4. 話し合ったことを全体に報告する。 5. 学習を振り返る。		

7. 資料　話合いの資料となるワークシート例（本時　7/8時）

○テーマを見付け話し合おう　六年　組（　　　）

テーマ
海の命とはどんな命なんだろう。

自分の考え
海に生きる漁師は、海のめぐみである生き物の命をそまつにしてはならないという信念を表している。

根拠
不漁が十日続いても「海のめぐみ」という父、「千びきいるうち、一ぴきをとれば、ずっとこの海で生きていける。」という与吉じいさの言葉から。

まとめ
海の命とは、海に生きるすべての命という意味である。

話し合って深まったこと
Aさんは、太一とクエとの出会いの場面を想像して考えていました。Bさんは、与吉じいさの別の言葉を根拠に挙げて考えを挙げていたので参考になりました。

注

1）言葉遊びの一種。俳句や詩などで各句の頭に物の名前や，事柄などを一字ずつ置いて詠んだもの。
2）言葉遊びの一種。上から読んでも下から読んでも同じ言葉になる文や句。
3）言葉遊びの一種。文字をいくつか入れ替えることで全く別の意味に作りかえるもの。

課題

1. 「話すこと・聞くこと」「書くこと」「説明的な文章を読むこと」「文学的な文章を読むこと」の指導法の留意点をまとめよう。
2. 「話すこと・聞くこと」「書くこと」「説明的な文章を読むこと」「文学的な文章を読むこと」の中から，学年を想定し，具体的な教材文を使って学習指導案を作成しよう。また，本時案をもとに模擬授業をしよう。

参考文献

青木伸生『「フレームリーディング」でつくる国語の授業』東洋館出版社, 2013年

青木幹勇『第三の書く──読むために書く、書くために読む』国土社, 1986年

安藤修平監修『読解力再考──すべての子どもに読む喜びを ─PISAの前にあること─』東洋館出版社, 2007年

植松雅美編著『教科指導法シリーズ　小学校指導法　国語』玉川大学出版部, 2011年

大西善一『発想転換による105時間作文指導の計画化』明治図書, 1991年

大村はま『やさしい文章教室──豊かなことば正しい表現』共文社, 1994年

興水かおり編著『「記述力」upの授業21』明治図書, 2011年

長崎伸仁・東京都調布市立富士見台小学校編著『「判断」でしかける発問で文学・説明文の授業をつくる──思考力・判断力・表現力を共に伸ばす!』学事出版, 2014年

日本国語教育学会「月刊国語教育研究（新しい時代に対応する教材研究）」No.565, 2019年

文部科学省『小学校学習指導要領（平成29年告示）解説　国語編』東洋館出版社, 2018年

令和2年度版小学校国語教科書『こくご　一上　かざぐるま』『こくご　一下　ともだち』『こくご　二上　たんぽぽ』『こくご　二下　赤とんぼ』『国語　三上　わかば』『国語　三下　あおぞら』『国語　四上　かがやき』『国語　四下　はばたき』『国語　五　銀河』『国語　六　創造』光村図書出版, 2020年

言語環境の整備と，
日常指導の実際

　本章では，日常の言語生活の向上を促す環境整備と，単元指導とは別に繰り返し短時間で行う日常指導について述べていきたい。言語力の獲得向上に言語環境は大きな影響を及ぼす。幼児が言葉を獲得する過程に関する多くの研究からも，環境の関与する大きさが報告されている。また，言語能力は，意図的な反復学習で向上する。国語科の授業づくりの基盤として大切に指導したい。

キーワード　言語環境　読書環境　学校図書館　継続

1. 言語環境

(1) 言語環境としての教師

　もっとも影響力のある言語環境は，教師自身である。特に小学校では担任教師と教室で過ごす時間は6・7時間，両親と家庭で過ごす時間よりも長い。教師が使う言葉，教師の表現・表情が及ぼす影響は絶大である。教師が正確な国語，適切な言葉を用いる意識をもつことの重要性は自明である。

　日ごろから，正しい言葉，ふさわしい言葉，美しい言葉を使う努力を惜しまないことが大切である。すなわち，自身の言語感覚（正誤・適否・美醜）を，磨き続ける姿勢を忘れないことである。そのためには，言葉や文字，表記・表現に敏感になること，自分の言葉を振り返ること，模範となる言葉に接する機会を意識的に増やすことが求められる。新聞の社説やコラムを読む習慣，辞書を引く習慣，読書する時間を確保（本屋に足を運ぶ・地域の図書館の貸し出し

カードを作り図書室で過ごす）し，本のタイトルだけでも楽しむような習慣を勧めたい。発音や，発声，アクセント（強調），イントネーション（抑揚），ポーズ（間）といった表現のスキルも意識して磨きたい。映画や演劇鑑賞も効果的である。

(2) 読書環境
①学校図書館

　言葉の宝庫といえば，「本」であろう。物語文にはそれぞれの作家がその一語に絞り込んだ，磨き抜かれた言葉や表現が詰め込まれている。一方，科学的な読み物には，正確で論理的，目的に応じた簡潔で分かりやすい文脈が満載されている。「読むこと」と「書くこと」，「理解」と「表現」は，常に表裏として，あるいは双方向に補完し合うものとして存在している。優れた表現を読み，味わうことによって，自分の表現に生かすという言語活動は，国語の能力を高める有効な手立てである。

　学校には，読書環境として学校図書館法にのっとり，「学校図書館」が設置されている。学校図書館法は，1953（昭和28）年に議員立法により成立した，学校図書館だけの単独の法律としては，世界で初めての法律であり，多くの国々に影響を与えたことでも知られている。

　この法により，公立私立を問わず，小・中・高等学校・中等教育学校・特別支援学校には，学校図書館を設置すること，司書教諭を配置することなどが義務づけられた。このために現在の学校図書館の設置率は，ほぼ100％になっている。この法律は，2014（平成26）年6月27日一部改正され，「学校には，司書教諭のほか，学校図書館の運営の改善及び向上を図り，<u>児童又は生徒及び教員による学校図書館の利用の一層の促進に資するため</u>，専ら学校図書館の職務に従事する職員，「学校司書」を置くよう努めなければならないこと」（下線引用者）と明記された。学校図書館利用の促進の対象に「<u>教員</u>」が挙げられているところに注目してほしい。言語環境としての教師に関わるところである。

図書館へのアプローチ

絵本など　たたみコーナー

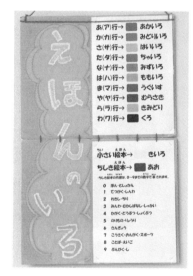

絵本の分類

②学級文庫

　学校図書館とは別に，学級の読書環境として「学級文庫」が考えられる。

　該当学年に応じた書籍を，学校図書館や地域の児童図書館等から借り出した「○○文庫」，家庭に協力を求めた「持ち寄り文庫」，卒業生や地域からの寄贈で賄う「プレゼント文庫」など，各学年学級での工夫を生かして設置されるミニ図書館である。整理や紹介，貸し出し等は子供たちの係活動にゆだねるなど，子供自身が活躍できる設置運営が望ましい。

持ち寄りコーナー

4年生「うなぎ」に関連した本を集めて

子供たちと一緒に管理して

③読書指導の実際

　読書を嫌がる原因の一つに「読書感想文の強制」が挙げられる。「本を読むのは好きだったが，感想文を書かなければいけないので読まなくなった」というのは，よく耳にする話である。もちろん，読みっぱなしではなく，何かしらの記録を残しておくことは，その後の読書生活を豊かにする方法の一つではある。そこで，学校では「読書カード」や，「本の帯」「ポップ」等，子供たちが手軽に継続して取り組める工夫を凝らした指導が行われている。

　ここで紹介するのは，小学校で実際に使われている読書記録カードや紹介カード・読書指導用のワークシートの一例である。

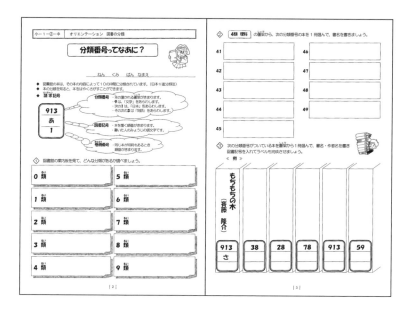

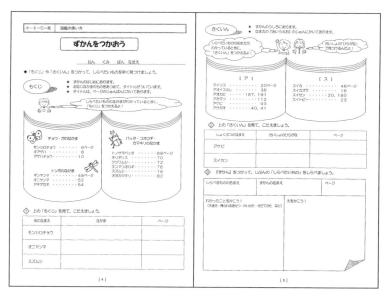

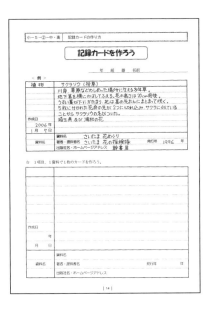

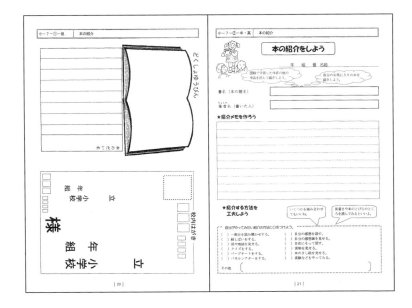

出所：埼玉県学校図書館
協議会「司書教諭
の授業で役立つワー
クシート集」2006年。
（221・同様）

　こうした環境を整える一方で，様々な取り組みも実践されている。いずれに
しても，教師自身が本に親しみ，「本と友達になるモデル」として存在するこ
とが大切である。

読み聞かせ　ブックトーク

　目の前で聞き入る子供の反応を見ながら，時には注釈を加えるなどのアドリ
ブを入れられるのは，読み聞かせの利点である。読み聞かせた後で，アニマシ
オンなど楽しいゲームを入れてみるのも，子供たちの興味を喚起する手立ての
一つといえるであろう。選書については，国語教科書に多くの本が紹介されて
いる。その中から選んで読むのが，無難であろう。教科書で学ぶ教材と同じ作
者の作品，シリーズもの，テーマに共通性があるものなど，関連させることで，
子供たちの作品観や作家論といった読者としての深まりが期待できる。読書
カードの記録を参考にして，子供たちがなかなか手に取らないものを選び，新
たな興味に気づかせることで幅広い読書につなげることも可能になる。読みな
がら注釈を入れる方法は，語彙量の少ない学習者の理解を補うといった利点が
あり，芦田恵之助は着語（じゃくご）として昭和初期にすでに提唱している。

〈シリーズもの〉（一例）

低学年

『きいろいばけつ』（森山京）『たんたのたんてい』（中川李枝子）

『エルマーのぼうけん』（ガネット）

『どうぶつの赤ちゃんとおかあさん』（エスターハス）

中学年

『ネコのタクシー』（南部和也）

『大どろぼうホッツェンプロッツ』（プロイスラー）

『車のいろは空のいろ』（あまんきみこ）

高学年

『だれも知らない小さな国』（佐藤さとる）

『シートン動物記』（シートン）

『なくしてしまった魔法の時間』（安房直子）

『白狐魔記　源平の風』（斉藤洋）

2. 日常指導

　国語科の大きな役割は，「言葉による見方・考え方を働かせ，国語で理解し国語で表現できる資質・能力を育成する」ことである。世界は言葉でできているといっても過言ではない。子供たちの日常生活にあふれている「言葉」と意図的に出会わせ，計画的に使わせる「日常指導」は，言葉の力をつけるうえで，重要なポイントである。

　多くの言葉と出会わせること，それも価値ある言葉，できれば磨かれた言葉と出会わせたい。

（1）詩の視写で言葉を磨く

　小学校国語科教科書には，発達段階に応じたいくつかの詩が掲載されている。これらの指導時間は短い。国語科の授業で扱うだけでなく，朝の会や帰りの会，給食準備の時間など，隙間時間や学級の時間を有効に使った日常指導で，楽しく扱いたいものである。

実際の指導例

〇月生まれの友達に「おめでとう詩集」をプレゼントしよう

誕生日は，誰にとってもうれしいものである。みんなから条件抜きで「おめでとう」をもらえる祝福された日である。「誕生日を祝い合う」活動は学級づくりにも大変有効である。

方法

毎月，誕生日を迎える友達にその人らしい詩を選んで視写し，アンソロジー詩集にしてプレゼントする。選んだ詩に一言添えたり，その詩にふさわしい絵を描いたり，各自の工夫を入れることで思いを伝え合う楽しさうれしさを実感できる。

用意するもの

A5のコピー用紙（できればカラー）学級人数分プラス担任

表紙にする画用紙，もしくはファイル

詩集（読書の時間に図書室で紹介　学級文庫に常備など）

期待できる効果

詩が身近なものになる

言葉を味わうようになり，言語感覚が磨かれる

言葉から豊かにイメージするようになる

(2) 音読・朗読・暗唱で，言葉のリズムや表現の良さを実感する

　朗読に適した詩集が編まれている。「朗読詩集」の中から，今週の詩や，今月の詩を選んで掲示している学校は多い。ただ，掲示するだけでなく，ぜひ声に出すことを勧めたい。声に出すことは，発音・発声，口形指導にも有効である。

〇朝の挨拶は，詩の暗唱で

　挨拶は，大事なコミュニケーションの基礎である。号令をかけてみんなが姿勢を正す中で「お・は・よ・う・ご・ざ・い・ま・す」とある意味不自然な発音・発声で声を張り上げる学級が多い。学習の構えを作るという意味では，こうした挨拶も必要であろうが，言葉の力をつけるところに指導の目当てを置くと，今月の詩や今週の詩を「挨拶代わりに朗読・暗唱」する活動などを取り入れてみるのが有効である。日直が，題名と作者をはっきりみんなに聞こえるように唱えたら，学級全員で朗読・暗唱する。もちろん，担任も一緒に。何回も唱えているうちに覚える子供が続出する。1か月どころか，1週間で覚えてし

まう。1学期が終わったら，覚えた詩の中からお気に入りのものを選んで，暗唱発表会などを企画し，他学年や保護者にも披露するなど，子供たちの意欲を喚起する工夫も欲しい。日常的に短時間で行う活動で，知らず知らずのうちにリズム感や表現の良さを体感していくことができる。

教科書に取り上げられている主な詩人

茨木のり子　内田麟太郎　金子みすゞ　川崎洋　神沢利子　北原白秋

岸田衿子　小泉周二　草野心平　工藤直子　黒田三郎　阪田寛夫　新川和江

高田敏子　谷川俊太郎　鶴見正夫　寺山修司　中川李枝子　原田直友

まど・みちお　三好達治　室生犀星　八木重吉　山村暮鳥　与田準一

(3)「書くこと」日記・メモ

　国語科指導において，「書くこと」に苦手意識を持つ児童が多い。「書くこと」の指導については，第6章で詳しく述べた。ここでは，苦手意識を払しょくするための日常指導について触れておきたい。

書きなれること

　何事も習慣化することが大切である。歯磨きが億劫とか，着替えが面倒だとは誰しも思わないものである。「書くこと」を歯磨きのように習慣化する手立てとして「日記」がある。日記が効果的と分かっていても，長続きしなかった経験を持つ人も多かろう。なぜ，長続きしないか，原因としては，

・時間がない

・書くことが見つからなくなる

・意気込みが継続しない

などが挙げられよう。子供も同じである。書きなれなければ，いつまでたっても苦手意識を払しょくすることは難しい。

・時間がない……帰りの会の時間など隙間時間を使う。家庭学習を定着させる。

・書くことが見つからない……テーマを与える。

・継続しない……こまめに評価する。

・飽きる……マンネリを防ぐ手立てを講じる。

字数を制限し，朱書きを入れる。

　はじめは100字帳（10字×10行）もしくは，3文で書くといった低いハードルを設定。こまめに読んで朱を入れる。誤字・脱字はさらりと指摘，良いとこ

ろを見つけて朱書きでほめる。

お題を与える

　「会話文から始めよう」「色彩語（色）を入れよう」「オノマトペを使おう」「比喩表現を使って書こう」「今日の授業で一番面白かった内容を記録しよう」など，児童のやる気を引き出すことがコツである。学級通信に載せたり，みんなの前で紹介したりして価値づけることも，効果的な指導である。

　日記までいかない場合は，連絡帳へのメモを継続させる。明日の連絡事項をメモしたのち，今日の一言を（○自分に向かって　○友達に向かって　○学級全体に　○先生に　○その他を相手に）書かせる。要は，鉛筆を持って文字を，言葉を，文を，文章を書く活動を倦まず弛まず行う習慣をつけることである。

(4) スピーチ

　おしゃべりは得意でも，いざ人前でまとまった話をすることに抵抗を感じる児童が多い。児童のみならず，人前でのプレゼンテーションはこれからの時代を生きるうえでは必須の言語能力である。こうしたA領域「話すこと・聞くこと」の能力や技能を育てる取り組みが必要である。

　多くの学校で日常的に行われていることに，いわゆる「1分間スピーチ」がある。朝や帰りの会での一連の流れとして無目的に実施されている実態もある。国語科A領域の資質・能力をつけるには，しっかりした指導計画に基づいた意図的な指導が必要である。例えば，

低学年では，順序に気を付けて話す。

　　　　　　　大事なことは何かしっかり聞いてつかむ。

　　　　　　　聞いていて分からなかったことを尋ねる。

中学年では，一番伝えたいことは何かを明確にして話す。

　　　　　　　接続の言葉や順序を表す言葉を適切に使って話す。

　　　　　　　要点を捉えて聞く。

　　　　　　　話の内容に応じて，自分なりの感想を伝える。

高学年では，全体の構成を考え，関連付けて話す。

　　　　　　　話し手の意図を捉えて，自分の考えと比較しながら聞く。

　上記のような能力を育成するには，発達に応じた関心を引く話題の提供，やり取りのできる場の設定，話し手の経験を多く積ませることが必要である。日

直が順番にスピーチしていたのでは，35人学級なら2か月に1回順番が回って
くるかどうかである。質問者も，3・4人が限度であろう。しかも，大体同じ
児童が毎回質問して事足れりという事態も生じかねない。

　まずは，3・4人のグループ（生活班など）で一斉にスピーチする。グルー
プ内で質問タイムをもち，全員から質問を受けて応える。こうすれば1週間に
1回は話者の順番が回ってくる。全体スピーチを経験させたければ，1週間の
スピーチで一番興味深かった「ウィークリーチャンピオン」を選んで全体で紹
介し合うような形式を取り入れるのも面白い。要は，一人一人の言語活動をたっ
ぷり保証することである。

課　題

1. 国語科にとって言語環境の整備の重要性について，あなたの考えをまとめ，具体的な環境整備について提案しよう。
2. 図書館担当教諭になった場合を想定して，「子供たちにとって魅力的な図書館」とはどのような条件や内容を備えたものか，考えよう。
3. 教科書に取り上げられている主な詩人（本書226ページ）の作品，詩集を手に取って，読もう。

参考文献

亀村五郎『読書指導』百合出版，1975年

日本国語教育学会「月刊国語教育研究（書くことの日常化・習慣化）」No.424，2007年

府川源一郎『読書を教室に』東洋館出版社，1995年

諸葛正弥『フィンランドメソッド実践ドリル』毎日コミュニケーションズ，2008年

「教育科学　国語教育（思考力・表現力を伸ばす！ノート指導＆板書大特集）」No.822，2018年

言語環境整備と日常指導の実際

索 引

執筆者および執筆分担

植松雅美（うえまつ・まさみ）編者，第1章
　　元玉川大学教職センター教授

輿水かおり（こしみず・かおり）編者，第1章，第2章，第3章，第4章，第5章，第6章，第7章
　　元玉川大学教師教育リサーチセンター教職サポートルーム客員教授

神田しげみ（かんだ・しげみ）第4章，第6章
　　玉川大学教師教育リサーチセンター教職サポートルーム客員教授

教科指導法シリーズ　改訂第2版
小学校指導法　国語

2011年2月25日　初版第1刷発行
2020年7月1日　改訂第2版第1刷発行

編著者	———	植松雅美・輿水かおり
発行者	———	小原芳明
発行所	———	玉川大学出版部
		〒194-8610　東京都町田市玉川学園6-1-1
		TEL 042-739-8935　FAX 042-739-8940
		http://www.tamagawa.jp/up/
		振替　00180-7-26665
装幀	———	しまうまデザイン
印刷・製本	———	株式会社クイックス